Elisabeth Hewson & Doc Farmwell

DAS BIO-KETZER-BUCH

Elisabeth Hewson & Doc Farmwell

DAS BIO KETZER BUCH

Vom Geschäft mit Glauben & Angst
Gebrauchsanweisung
für vernunftbegabte Esser

SiGNUM

Dieses Buch widme ich meinen Enkeln Lena und Benjamin: Gegen falsche Ängste und für eine gesunde Portion Misstrauen und gesunden Menschenverstand.

Herzlichen Dank an Rudolf Schramm, der mit viel Geduld stilistische Ungereimtheiten aufgespürt und verbessert hat.

Besuchen Sie uns im Internet unter
www.signumverlag.de

Schutzumschlag: g@wiescher-design.de
Satz: net[t]werker, München
Gesetzt aus der 10,75/14 Punkt Optima
Druck und Binden: CPI Moravia Books GmbH
Printed in EU
ISBN: 978-3-85436-420-7

Inhalt

8. Kapitel – Wer kassiert die Silberlinge?

9. Kapitel – Das unsichtbare Böse

Persönliches Vorwort

Ja. Ich gebe es zu. Ich bin eine Ketzerin.

Ich bin ein Paulus, der zum Saulus wurde. Ich gehöre auf den Scheiterhaufen. Ich bin abtrünnig und polemisiere. »Die ärgsten Kritiker der Elche, die waren früher selber welche.« Stimmt. Warum auch nicht? Wer sonst weiß so genau, wie es unter den Elchen zugeht?

Wobei ich kein besonders ausgeprägter Elch war. Weder habe ich Felder der bösen Gentechniker zertrampelt, noch mich an »Attac«-Zaunniederreißungsaktionen beteiligt, ich habe keine Tiere oder Felder befreit und keine Pelzmäntel besprüht. Ich habe nur an das Gute in »bio« geglaubt und die Idee von kleinen Bauern, die autark leben, nichts und niemandem etwas zuleide tun, ihr Gemüse handverlesen. Die ihr geliebtes Vieh mit Tränen in den Augen zur Schlachtbank führen und die ich mit meinem Kauf von Biowaren vor den großen, bösen Multis beschütze, die uns arme Konsumenten nur ausbeuten, ausnützen, ausbluten, worauf wir schließlich unser geschmack- und substanzloses Leben viel zu früh aushauchen müssen.

Mein Lieblingsbuch war »Living off the Land«, im seligen Hippiezeitalter erworben, in dem appetitlich und wunderbar beschrieben wird, wie man sich mit ein paar Quadratmetern Boden fast selbst ernähren kann. Das war so etwas von idyllisch! Ich habe es zwar nie wirklich ausprobiert, und das Buch steht heute noch für irgendwann einmal im Regal, aber träumen wird man ja noch dürfen.

Die Verzweiflung von Nachbarn, die sehr wohl angebaut und geerntet haben und einem dauernd (wurmige) Kirschen und Zwetschgen oder Moniliaäpfel aufdrängten, habe ich belächelt und später, als ich mir doch ein Stückchen Land pachtete, das ein Bauer bereits vorbereitet hatte, selbst miterlebt: Plötzlich stehen da Dutzende Salatkköpfe, die alle auswachsen, weil keiner täglich drei Häupteln davon essen kann. Unendlich viel Mangold, das man an bereits verkrampft lächelnde Freunde verschenkt. Monsterzucchini, die einem schon zum Hals herauswachsen. Viel zu viele Tomaten, die man zu Mark mixt und trotzdem nicht mehr in den Tiefkühler stopfen kann.

Egal, da war er, DER BAUER, von dem ich mir die Milch in Kannen holte (wovor meinen Kindern stets grauste, worauf ich sie in Milchflaschen umfüllte). Da waren die Bauernmärkte mit ihrem besonders fetten Speck in dicker Selchkruste – wie gesund! Mit ihrem duftenden Brot zum doppelten Preis und ihrem g'schmackigen (wenn auch recht eintönigen) Käsesortiment. Alles schmeckt ja besser, so redete ich mir ein, wenn ich gerade grimmig die vielen fauligen Früchte aussortierte und daran dachte, was die Übriggebliebenen dann eigentlich gekostet hatten. Und vor allem viel gesünder. Mit anderen Worten, ich war ein recht typischer Biokonsument. Mit keiner Ahnung von irgendwas.

Bis ich diese Geschichte mit dem Rinderhorn erfuhr (davon später). Bis ich mit dem Autor von »Das Mephisto-Prinzip«, Michael Miersch, in Kontakt kam, der in der Zwischenzeit mit seinem Koautor Maxeiner ein exzellentes Buch zum Thema »Biokost und Ökokult« verfasst hat. Bis ich mit einem Fachmann für Landwirtschaft plauderte. Dann ein bisschen Rudolf Steiner las (es blieb bei ein bisschen, sein esoterisches Geschwurbel ist unlesbar). Und mir die Hardcore-Biojünger und -jüngerinnen näher anschaute. Bis ich mit Ernährungswissenschaftlern, Land-, Tier- und Forstwirtschaftsexperten, Konsumentenschützern, Gentechnikern und Agrarfachleuten darüber sprach. Bis ich begann, mir Diskussionen darüber im Fernsehen anzuschauen (dazu später Beispiele), bei denen regelmäßig die »freundlichen« Bio-Fanatiker aggressiv, unlogisch und mit einem Redeschwall, der an gewisse Politiker erinnert, alle »Gegner« unterbrachen und niederredeten – nämlich die mit anderer Meinung, mit wissenschaftlichen Argumenten, die meist höflich und ruhig zu bleiben versuchten. Stets wurde die Bioseite aggressiv und dozierte mit der Arroganz der Dummheit, die nicht zuhören will und auf keinen Einwand ernsthaft eingehen kann.

Und da habe ich beschlossen, zur Bioketzerin zu werden. Subjektiv, polemisierend. Erstens wird man als Kritiker ohnehin dessen geziehen, beschimpft und überheblich belächelt, mag man sich noch so zurückhaltend, seriös und faktenbezogen äußern. Und zweitens kann ich meine (geänderte) Meinung belegen. Dank einem Fachmann, der mir harte Zahlen und Fakten liefert. Der mitten im Geschehen sitzt, dort, wo man Zugriff auf Untersuchungsergebnisse und ungeschönte Statistiken hat.

Noch kurz eine Bemerkung zu uns zwei Autoren

Die eine, Elisabeth Hewson, die Verfasserin des Buchs, hat sich viele Jahre mit Werbung, Konsumterror und Konsumentenschutz beschäftigt und etliche Bücher geschrieben.

Der andere, die Quelle mit dem Insiderwissen, ist ein Fachmann auf dem Gebiet Lebensmittel, Landwirtschaft und Umwelt. Er bleibt inkognito, um seinen Job und seinen Ruf der Objektivität nicht zu gefährden: Leider werden kritische Stimmen, wenn sie sich gegen allgemeine Übereinkünfte aussprechen, meist sofort der subjektiven Bösartigkeit und gewinnlerischer Motive geziehen, erst recht, wenn sie an die Öffentlichkeit gehen. Auch wenn sie noch so gut fundiert und logisch argumentieren. Wir nennen das »Hirn« dieses Buchs also Doc Farmwell.

Einleitung

Der Bauer ist kein Spielzeug

»Der Bauer ist kein Spielzeug, da sei uns Gott davor!«, so wusste das schon der ehrfurchtsvolle Riese im Gedicht »Das Riesenspielzeug« von Adelbert von Chamisso. Er ernährt uns, er erhält die Menschheit am Leben. Doch trotzdem war er immer wieder der Unterprivilegierte, der Rechtlose, der Ausgebeutete.

Dass der biologische und ökologische Landbau da eine positive Bewusstseinsveränderung bezüglich Landwirtschaft, Ernährung und Lebensführung hervorgerufen hat, wollen wir in diesem Buch nicht leugnen. Der Ansatz war hervorragend, der Anfang idealistisch und meist sinnvoll. Bis dahin fast schon zum Untergang verurteilte Kleinbauern wurden gemeinsam zu einem beachtlichen Wirtschaftsfaktor. Das Image der Agrarier, gerne als Tölpel oder Landpomeranzen bezeichnet, hob sich endlich und zu Recht, verschaffen sie uns doch, was wir brauchen, um leben zu können: Ohne sie könnten wir Konsumenten nicht existieren. Dass sich mancher Agrarier allerdings jetzt bis zu einer Art Naturdelikatessenadel hochstilisiert, ist wieder ein anderes Kapitel.

Das steigende Ernährungsbewusstsein der Bevölkerung und der zunehmende Einfluss der parallel dazu mächtig aufkeimenden Esoterikwelle setzten einen Trend in Gang, der sich bis zu einer geradezu religiösen Verehrung der Scholle, der Mutter Erde und ihrer Bearbeiter entwickelt hat: Der Paganismus scheint zurückgekehrt. Der neuen Naturreligion »bio« wurde durch die bodenbereitende Esoterikwelle Hoftür und Scheunentor geöffnet. Nicht zu vergessen der Narzissmusboom, der den eigenen Körper, was man hineintut oder draufschmiert, zum Zentrum des Universums macht.

Viele Anhänger der Biowelle, die es geworden sind, um einfach vernünftig zu leben und gesund zu essen, die der Umwelt und den Tieren verantwortungsvoll und dem Konsumismus kritisch gegenüberstehen und deshalb zu den »grünen« Waren greifen, wissen überhaupt nicht, welch seltsame Subkultur sich in den letzten Jahrzehnten entwickelt hat. Was Biobauern an teils sinnlosen Auflagen erfüllen müssen, um sich so nennen zu dürfen. Wie Geld mit Bio-Etikettenschwindel gescheffelt wird, wie Menschen wider jede Logik abergläubisch darauf hereinfallen. Mit welch perfiden Tricks man Familien, die halt nur das Beste für ihre Kinder wollen, das schwer verdiente Geld aus der Tasche zieht; Menschen, die vielleicht jeden Cent umdrehen müssen und sich die beträchtlichen Mehrkosten für Pseudogesundheitsgarantien nur unter großen Opfern leisten können. Andernfalls droht schlechtes Gewissen. Dieses Spiel mit der Angst ist eine besonders böse Art von Erpressung.

Um all das geht es in diesem Buch. Um die Geschichte der Biowelle; um die Prinzipien des Landbaus und der Viehzucht, die man erst kennen muss, um den Nutzen von verschiedenen Dünger-, Zucht- und Ernteauflagen überhaupt verstehen und beurteilen zu können. Es geht um verschwurbelte Philosophien und um relevante Zahlen und Testergebnisse, die nur ungern und möglichst unauffällig (lieber erst gar nicht) veröffentlicht wurden und werden. Und es geht darum, was man als der oben erwähnte vernünftige, verantwortungsbewusste Konsument tun kann, um sich nicht über den Esstisch ziehen zu lassen.

Um nicht einsam vor mich hin zu argumentieren und das Thema ein bisschen bunter zu machen, habe ich in diesem Buch auch etliche Fachleute zu Wort kommen lassen. In persönlichen Interviews und in Auszügen aus Fernsehdiskussionen. Ergänzt durch die Argumentationshilfe unter dem Kapitel »Amen« am Ende des Buchs.

Nach der Lektüre sollten Sie viel Geld sparen, sich trotzdem gesund ernähren und genussvoll leben können. Im Einklang mit der Natur, mit gutem Umweltgewissen. Ohne Angst vor Giften und Gentechnik. Statt zu glauben, werden Sie dann wissen. Aber Achtung! Dieses Wissen weiterzugeben, kann Freunde kosten, denn manche wollen nicht wissen, sondern glauben. Lassen Sie die ruhig weiter sinnlos ihr Geld ausgeben und denken Sie an den weisen Spruch: »Man soll sich die Leute gut aussuchen, die es wert sind, ihnen zu widersprechen.«

Viele genussvolle und angstfreie Einkäufe und Mahlzeiten wünschen die beiden Autoren

Elisabeth Hewson
Doc Farmwell

1. Kapitel

Das vermeintliche Paradies

Die Bauern als fröhliches Landvolk

Wie war das früher, als der lustige Landmann noch liebevoll seine Scholle pflegte, der Natur gehorchend, auf sie horchend? War das so paradiesisch, wie man sich das auch schon zu Zeiten von Rousseau im 18. Jahrhundert vormachte? Oder damals, als Marie Antoinette bei Schäferspielen in Trianon, bei denen geschminkte Schäferinnen parfümierte Lämmlein zu plinkelnder Harfenmusik in den Armen hielten, von der bezaubernden Natur schwärmte? Wenn man den heutigen Bioesoterikern zuhört, könnte man meinen, die »Zurück zur Natur«-Bewegung der Romantik sei wieder auferstanden. Und genau so (oder recht ähnlich, halt zeitgeistig herausgeputzt) ist es: Die Anthroposophen, die in wallenden weißen Gewändern durch die Wälder streiften, sind wieder unter uns. Heute verkleiden sie sich allerdings mit Selbstgestricktem, Arafat-Schals, Jute-Umhängetaschen und mit der beliebten Socken-Sandalen-Kombination. Oder wallen mit flatternden Federboas über die Felder. Keine Übertreibung, darüber wird noch berichtet. Nicht zu vergessen die neue Generation der Biofreaks, die LOLAS (Life Style of Health and Sustainability) in Manageruniform, die mit »bio« ihre Effizienz steigern und ihre vermeintlich überlegene Intelligenz, ihre Erhabenheit, demonstrieren wollen.

Die Idee mit dem »Körndl«

Aber wie machte sich der Mensch die Erde überhaupt untertan, auf dass sie ihm Korn und Frucht schenke?

Irgendjemand zerbiss vielleicht vor 13.000 Jahren (manche vermuten, noch viel früher) ein paar Halmähren, wie das auch die Vögel und anderes Getier so machen, dachte darüber nach, warum diese Gräserarten oder jene Kräuter auf der Wiese gerne großflächig wachsen, sah Körner keimen und kam so auf die Idee, die Körner zu sammeln und nahe seiner Behausung in die Erde fallen zu lassen. Wahrscheinlich war das eine Sie, denn Männer waren viel zu sehr mit Jagd beschäftigt, um besinnlich nachzudenken.

Eine andere Theorie besagt, dass nicht der Drang nach Nahrung, sondern nach Berauschung den Anstoß zum Säen und Ernten gab: Die ersten Kulturkörndlfunde waren Gerste und Hopfen, wie man sie zum Bierbrauen braucht. Und der Hanf, dem Hopfen eng verwandt, taucht schon in der altaischen Ursprache als qumlix auf, im Assyrischen qunuba, von dem möglicherweise unser Wort »qualmen« stammt. Irgendwie plausibel, denn Nahrung hatte man ja, Berauschendes musste, wenn gerade keine vergorenen Früchte unter den Bäumen lagen, erst hergestellt werden.

Körner zeigten einen riesigen Vorteil: Sie ließen sich lange aufheben. Endlich gab es etwas zu lagern für die beutelosen Zeiten. Allerdings hatten sie auch einen Nachteil: Sie zu säen und zu ernten und dann auch noch zu verarbeiten, war mühsam. Viel mühsamer, als die Zähne in das Fleisch eines dahergelaufenen Tieres zu schlagen. Aber für Mühsal gab es ja – die Frauen.

Gerste und Weizen waren die ersten kultivierten Getreidesorten, dann kamen Erbsen, Linsen und Kichererbsen. In China (seltsamerweise erfand man den Ackerbau in verschiedenen Teilen der

Erde fast gleichzeitig) wurden Hirse, Reis und Sojabohnen gepflanzt, in Mittelamerika Mais, Bohnen, später Kartoffeln, Tomaten und Kürbisse. Man nahm zuerst Stöcke, um die Körner einzugraben, schließlich erfand man Hacken und vor bereits 8000 Jahren den Pflug.

Man legte sich Haustiere zu, Ziegen und Schafe, später Rinder und Schweine, man begann zu scheren, zu melken, zu schlachten und machte es sich in den ersten Gehöften relativ gemütlich.

Damals war für den Menschen eine Allmacht, ein Gott, sowohl für Gedeih als auch für Verderb verantwortlich. Neben dem eigenen landwirtschaftlichen Geschick. Man wusste es nicht besser. Doch so viel Zeit auch vergangen sein mag und so viele (chemische) Erkenntnisse man auch in den letzten Jahrzehnten gewonnen hat, manche wissen es immer noch nicht besser. Quot erat demonstrandum.

Mit der Feldarbeit kamen auch die Sklaverei, die Leibeigenschaft und die Erbuntertänigkeit der Bauern über die Menschheit. Denn wer es sich leisten oder andere dazu zwingen kann, die Arbeit für ihn zu erledigen, spart sich das lebenslange Roboten, das gebückte Hacken und Lastenschleppen, die Hitze und Kälte, den Staub und die Nässe. Biobauern finden diese mühselige Lebensweise ja heute wieder erstrebenswert und die Selbstausbeutung der Familie (ohne sie geht bei kleineren Biobauern gar nichts) als eine Förderung des Soziallebens.

Nicht zu vergessen die Glorifizierung der natürlichen, traditionellen, wunderbaren, echten, bäuerlichen Lebensweise! Doch möchte man lieber niemandem zumuten, nach dem Speisezettel eines Bauern aus der gar nicht so fernen Vergangenheit zu leben: Frisches Obst und Gemüse gab es nur in der Saison. Im Winter gab es bis Weihnachten Lageräpfel, dann Dörrobst sowie Kraut,

Kohl, Karotten, Rote Rüben und schließlich nur noch Sauerkraut. Fleisch wurde durch Einsalzen oder Selchen konserviert. Brot wurde alle paar Monate gebacken und dann im Keller in Brotladen gelagert, wo es bald steinhart war: Das Bauernleben war ein hartes Brot.

Im Zuge des Kolonialismus wurden dann die Ackerfrüchte global verteilt, Kaffee wurde aus Afrika nach Südamerika, Kakao aus Südamerika nach Afrika gebracht; Pferde und Rinder von Europa nach Amerika und Truthähne von Amerika nach Europa. Nach heutigen Maßstäben inakzeptable Eingriffe in Ökosysteme und die regionale Biodiversität. Ein Teil der »alten Sorten«, die heute von »idealistischen Gärtnern« weitergezüchtet werden, wie Kartoffeln und Bohnen, müssten, wenn man konsequent Biodiversitätsfundamentalismus betreibt, aus Europa verbannt werden.

Bio-Hungersnöte

Zum landwirtschaftlichen Geschick gehört die Düngung. Hatte man das Glück, neben einem schlammführenden Fluss wie dem Nil zu wohnen, sorgte der für die jährliche Aufwertung der Böden. Anderswo musste man mit Jauche nachhelfen, was der Mensch fast gleichzeitig mit dem Beginn der Feldwirtschaft herausfand. Schon aus der Bronzezeit, vor gut 5000 Jahren, sind davon Zeugnisse überliefert. Übrigens wusste man schon damals über den Schaden von Überdüngung Bescheid – besser als bei uns noch vor wenigen Jahrzehnten – und mischte der tierischen Jauche Gras bei. Man rodete Wald für Felder, nutzte fruchtbare Brache. Im achten Jahrhundert kam man dann auf die Idee, einen Teil der Felder abwechselnd brachliegen zu lassen, damit sie sich erholen konnten, die Dreifelderwirtschaft entstand: Ein Feld wurde in Rotation einmal mit Sommer-, dann mit Wintersaat und dann gar nicht besät. Doch ganz konnte die Bodenermüdung damit nicht verhindert werden.

Hart war sie jedenfalls, die Arbeit, hart das Leben des Bauern. Vom Wetter abhängig, von den alles verwüstenden Kriegen, von den Lehnsherren, von denen viele versuchten, das letzte Körnchen aus ihren Vasallen herauszupressen. Viel Paradies war zu dieser natürlichen, zu dieser Ur-Biozeit, nicht vorhanden. Man aß oft Verfaultes, Verschimmeltes, vergiftete sich an Mutterkorn und hungerte sich dem Frühjahr entgegen, vergriff sich in Verzweiflung am Saatgut und hatte dann im folgenden Jahr nichts mehr zu säen und schon gar nichts zu ernten. Die Lebenserwartung lag bei etwa 30 Jahren, bei Frauen nur bei 25, da sie sehr oft bei der Geburt von Kindern starben. Aber ihre Ernährung war bio.

Auch in unseren Breiten war die Landwirtschaft selbst noch vor 100 Jahren, als alles so »natürlich« war, keine vergnügliche. Die ländliche Bevölkerung war in einem streng hierarchischen arbeitsteiligen Gesellschaftssystem organisiert, der Bauer war der absolute Herrscher, alle anderen Hofmitglieder waren ihm auf Gedeih und Verderb ausgeliefert, von der Frau bis zu Kindern, Knechten und Mägden. Jahreszeiten und kirchliche Feste regelten den Jahresablauf. Das Arbeitsleben war hart, Freizeit karg, die Entlohnung war selbst der in einem heutigen Entwicklungsland (un)würdig. Die persönliche Lebensplanung des Hoferben oder der Bäuerin wurde von der gesellschaftlichen Pflicht zur Erhaltung des Hofs bestimmt. Darüber sind ja auch genügend viele Heimatromane geschrieben worden, deprimierende (Via mala) und viele, viele mit romantischer Liebesgeschichte und Happy End, das es meist nicht gab. Der tradierte Spruch »Weibersterben ist kein Verderben, Rossverrecken bringt den Bauern an den Bettelstecken« zeigt in etwa die brutale Wirklichkeit.

Nur kurz zur Erinnerung: Die Hungersnöte der letzten 1000 Jahre in Europa waren nicht nur auf das schlechte Wetter zurückzuführen (»Jahr ohne Sommer« 1816, Kleine Eiszeit, ...), sondern auch, überspitzt formuliert, auf »bio«-Anbau und mangelnde Hygiene, die schreckliche Seuchen verursachte. Im Mittelalter litt man mindestens alle zehn Jahre Hunger, weil Ernten ausfielen oder Schädlinge sich über Korn und Früchte hermachten (von den Kriegsschädlingen nicht zu sprechen). Die berüchtigtste Hungersnot der jüngeren Vergangenheit, der Ausfall der Kartoffelernte durch Kartoffelfäule 1845 bis1849 in Irland mit 1.500.000 Toten und einer Auswanderungswelle nach Nordamerika, wäre mithilfe moderner Landwirtschaftsmethoden nie passiert.

Immerhin begann man nach diesen entsetzlichen »Denkzetteln« die Wachstumsförderung der Pflanzen chemisch zu erforschen. Man begann mit Asche, Kalk und Mergel zu experimentieren. Der Chemiker Justus von Liebig (1803–1873), der unter anderem auch die Speisewürze (unser »Maggi«) erfand, erkannte die wahren Wachstumsförderer Stickstoff, Phosphate und Kalium. Diese drei Nährstoffe lieferte konzentriert der Vogeldung Guano (Mischung aus Calziumphosphat und Kalisalpeter), wie man ihn an den Küsten Südamerikas fand: nützlich, jedoch weit weg und begrenzt vorhanden, daher teuer.

Doch wie funktioniert sie, diese Chemie? Warum wachsen Pflanzen da nicht und dort schon, warum funktioniert die Methode der Dreifelderwirtschaft heute nicht mehr, warum schmecken Marktfrüchte heute nicht mehr wie früher, und warum lässt man der Natur nicht öfter ihren Lauf? Dazu muss man einmal wissen, wie alles womit zusammenhängt. Und das erklärt das nächste Kapitel.

2. Kapitel

Alles hängt von allem ab

Oder umgekehrt. Je nachdem.

Was macht das Wachstum wirklich aus? Und wie (schrecklich?) funktioniert denn die konventionelle Landwirtschaft? Vielleicht sollte man sich erst einmal darüber Klarheit verschaffen, bevor man »bio« zum Retter aus dem Jammertal erwählt! Hier also eine kurze Einführung in das Pflanzenwachstum, von dem wir alle abhängen, und in die normale, die »böse« Landwirtschaft.

Der Kreislauf der Natur

In der unbeackerten, freien Natur hat man es mit recht unnatürlich klingenden Elementen wie Wasserstoff, Sauerstoff, Stickstoff, Kohlenstoff, Phosphor und Kali, also ebenfalls mit Chemie, zu tun – alles Leben ist Chemie. Wichtig auch: Schwefel und Spurenelemente. Ohne sie gäbe es keine Flora und damit auch keine Fauna (wie uns) auf der Erde. Die unterschiedliche Zusammensetzung des Bodens, der so genannte Nährstoffpool, und die Pflanzenverfügbarkeit, also was sich daraus durch verschieden starke chemische Verbindungen von den Pflanzen nutzen lässt, macht die Qualität, die Eignung für bestimmte Sorten, aus.

Alle diese Elemente wirken in einem Kreislauf.

- Der Wasserkreislauf ist bekannt: Regen oder Schwemmwasser sickert ein, löst Spurenelemente und macht sie für die Pflanze verwertbar, steigt wieder zum Himmel auf, regnet herab ...

- Der Kohlenstoffkreislauf funktioniert durch Photosynthese, also Sonnenlicht, das den Kohlenstoff aus der Luft in den Pflanzen und damit im Boden speichern hilft. Das Tier frisst die Pflanze, scheidet den Kot aus, oder sein Kadaver verfault, und die Erde hat ihn wieder, den Kohlenstoff. Zum Beispiel als Kohle oder Erdöl, im Erdinneren gespeichert. Nicht alles, manches wird auch als Methan ausgerülpst und wirkt als Treibhausgas – ein Effekt, den sich fast alle Wiederkäuer teilen, die als einzige Gras verdauen können, wie das Rind, das Reh oder die Giraffe. Wer hier Klimaschutz betreiben will, muss nicht nur das Milchtrinken verbieten, sondern auch die meisten Pflanzenfresser, also Vegetarier dieser Erde, ausrotten.

- Der Stickstoffkreislauf funktioniert ähnlich, er wird von bestimmten Pflanzen (Leguminosen) mithilfe von Bakterien aus der Luft (78 Prozent der Luft besteht aus Stickstoff) aufgenommen, zu Eiweiß verarbeitet und gespeichert, dann vom Tier gefressen und kommt als Kot oder durch die verfaulten Pflanzen wieder in die Erde. Stickstoff kann auch durch elektrische Entladungen in der Atmosphäre (Blitze) oxidiert und dann durch Regen in den Boden ausgewaschen werden (kleine Mengen bis zirka fünf Prozent des Kulturpflanzenbedarfs können so zugeführt werden).

- So funktioniert auch der Phosphorkreislauf, der vom Boden kommt und über den Fäkalien- oder Kadaverumweg wieder in den Boden geht.

Ohne diese in der Natur wirkenden – wohlgemerkt natürlichen – Chemikalien geht gar nichts. Ohne Kohlenstoff, Stickstoff, Phosphor, Kalium und alle anderen Elementen, die im Bodenhumus in mehr oder weniger pflanzenverfügbarer Form zwischengespeichert werden. Und ohne das Zutun von uns Menschen geht das so weiter, der Kreislauf ist stabil, da ja weder etwas weggenommen noch dazugetan wird.

Der Mensch als Störenfried

Doch dann kommen wir, die Menschen, die mehr vom einen und viel von allem nicht haben wollen: Landwirtschaft ist per se **immer** Monokultur, denn Ziel ist es, eine bestimmte Pflanze zu ernten und anderes Grünzeug zu eliminieren (auch eine Reihe Salatpflanzen im Küchenbeet ist Monokultur). Noch mehr stören wir, indem wir auch noch Pflanzen auf Böden, in Klimazonen anbauen, wo sie gar nicht hingehören; wir schaffen noch dazu die Pflanzen weg – zum Markt, zum Verbraucher. Und damit Mineralien. Wir unterbrechen also den örtlichen Kreislauf, egal, ob wir das »bio« oder »konventionell« machen.

Beim Kohlenstoff ist das egal. Den holt sich die nächste Pflanze wieder aus der Luft. Und wenn man das Stroh liegen lässt, ist auch wieder genug Humusbildung garantiert (wenn nicht, muss man zwischendurch Pflanzen anbauen, die man dann einackert). Beim Stickstoff ist das schon etwas anderes. Den brauchen die Tiere und wir Menschen zur Eiweißbildung (Proteinsynthese), scheiden ihn teilweise wieder aus. Der wird bestenfalls in der Jauchegrube zwischengelagert, um dann meist wieder auf die Felder aufgebracht zu werden: Aber bei starken Niederschlägen vor allem in Hanglagen wird er leicht vom Regen weggeschwemmt. Auch wenn zu viel auf einmal aufgebracht wurde, sickert Stickstoff teilweise ins Grundwasser. Oder er kommt in Kläranlagen, wo er sich teils im (oft kontaminierten) Klärschlamm sammelt, teils durch den chemischen Prozess der Denitrifizierung wieder als elementarer Stickstoff in die Luft entweicht oder im Restwasser schließlich ins Meer fließt. Viele Stoffe gehen also dem Boden teilweise oder ganz verloren, und man muss sie wieder zusetzen, damit Pflanzen darauf wachsen können.

Und damit ist einer der wichtigsten Punkte der Landwirtschaft angesprochen, die Düngung. (Der zweite ist die Bekämpfung von Schädlingen, Unkraut und Pilzbefall; ein dritter Sortenauswahl; und dann kommt noch Umweltschutz. Darüber später.)

Bei den Düngemethoden scheiden sich die Geister in hier »bio«, da »konventionell«. Dass die fehlenden Stoffe wieder zugegeben werden müssen, darüber gibt es ja keine Diskussion. Wohl aber darüber, was und wie. (Das Wieviel lässt sich übrigens heute durch Bodenuntersuchungen sehr genau feststellen und als Düngeempfehlung auswerten – vor allem bei gut dosierbarem Kunstdünger!)

Dass Bauern den natürlichen Kreislauf erweitert haben und die Jauchegrube mit einbeziehen, kennen wir aus der Geschichte des Landbaus. Das ist bei Tierhaltung sogar eine Notwendigkeit – wohin soll man mit der Gülle? – und kein konventioneller Bauer wird es anders handhaben als ein Biobauer. Doch wenn das Gleichgewicht nicht stimmt, wenn er zu viel Vieh und zu wenig Land hat, dann stinkt das bald zum Himmel: Die Überdüngung gefährdet, wie erwähnt, Grundwasser und sonstige Gewässer.

Hat er zu wenig Vieh, wird er zusätzlichen Dünger aufbringen müssen. Wie der Biobauer dieses Problem zu lösen versucht, erfahren wir später.

Alle Pflanzen haben Sonderwünsche

Wachsen und Reifen sind sehr komplizierte chemische Vorgänge. Wie auch die individuelle Reaktion der Pflanzen: Unterschiedliche Pflanzen nehmen Nährstoffe auf verschiedene Art und verschieden schnell aus dem Boden auf, egal ob von mineralischem oder organischem Dünger. Weizen zum Beispiel oder Zuckerrübe braucht viel Kalk im Boden; Roggen, Hafer oder die Kartoffel viel weniger. Und Pflanzen haben verschiedene Zeitfenster für ihr Wachstum. Sommerarten wie zum Beispiel Kartoffeln brauchen je nach der Länge der Wachstumszeit bis zu einem bestimmten Punkt vor der Reife besonders viele Nährstoffe, dann kaum bis gar keine mehr. Bei Wintergetreide unterbricht die winterliche Wachstumsruhe (Frost) die Nährstoffaufnahme. Und mehrjährige Pflanzen mit ausdauernden unterirdischen Organen, zum Beispiel Gräser, Kleearten, Hopfen und Wein, speichern in den Wurzeln Nährstoffe und beschleunigen mit diesen Reservestoffen die Entwicklung im folgenden Frühjahr.

Auch durch das Blatt werden Nährstoffe aufgenommen. Theoretisch könnte man die Pflanze vollständig durch die Blätter ernähren. Diese Art der Düngung wird auch zunehmend angewandt: Der Vorteil dieses Verfahrens ist eine besonders gezielte Nährstoffzufuhr, der hohe Ausnutzungsgrad. Der Nachteil: Man kann nur wenig Nährstoffe aufbringen, weil man sonst das Blatt verätzt, muss also viel öfter spritzen oder sprühen. Und es bleiben immer wieder (bei Jauchedüngung, also »bio«) Fäkalreste auf dem Gemüse zurück, die viele Krankheitskeime übertragen können und nur durch sehr sorgfältiges Waschen zu entfernen sind.

Was so wurlt und wirkt im Erdreich

Aber nicht nur, was man ins Erdreich hineintut, hat Folgen. Auch das Erdreich selbst mit seinen verschiedenen Zusammensetzungen, seinen Reaktionen auf die Witterung, mit seinen Bewohnern und seiner krümeligen oder zähen, schweren oder sandigen Beschaffenheit, seiner Höhen- oder Hanglage ist zu berücksichtigen, wenn man sein Feld optimal bestellen will.

Auch zu berücksichtigen: die Bodenfauna (alle Kleintiere) – in jedem Häufchen Erde befinden sich über fünf Milliarden lebende Organismen – und Bodenflora (Pflanzen). Ein Hektar Boden kann 20 bis 25 Tonnen lebende Bioorganismen, davon 500 bis 1000 Kilogramm Regenwürmer, beherbergen! Zur Bodenfauna gehören zum Beispiel Milben, aber auch Krebstiere und Asseln, die Falllaub und Holz schnell zerkleinern, in die obere Bodenschicht einarbeiten und damit Humus erzeugen; Tausendfüßler, Käfer, Springschwänze und Bodenschnecken, Ameisen und die erwähnten Regenwürmer; und natürlich die Schrecken der Rasenbesitzer, der Maulwurf oder die Wühlmaus. Sie alle zerfurchen und zerfressen, durchwühlen und düngen die Scholle. Und sie alle werden gestört, wenn man den Boden zu oft bearbeitet. Was die vermeintlichen Bodenfanatiker aus dem Biolager aber gerne tun – durch häufiges Hacken zur Unkrautbekämpfung –, siehe weiter unten.

Zwischen den Milliarden winziger Lebewesen und dem Versorgungssystem der Pflanzen besteht eine enge Wechselwirkung, und so lange dieses komplizierte System intakt bleibt, ist für Fruchtbarkeit und gesundes Wachstum gesorgt. Je artenreicher das Pflanzenwachstum, umso günstiger sind die Wachstumsbedingungen für Pflanzen und Tiere auf dem Erdboden, die wieder im Kreislauf die Lebewesen im Erdreich beeinflussen. Bei der beim Menschen beliebten Monokultur leidet natürlich die Vielfalt, daher ist es günstig – auch das wussten schon die Altvorderen –, den Anbau zu wechseln, was bei riesigen Plantagen nicht passiert: keine gute Idee für den Boden.

Der Kampf der Giganten

Kommen wir zum nächsten Sorgenkind: der Schädlingsbekämpfung. Nicht nur wir Menschen erfreuen uns an vitamin- und proteinreichen, gut verdaulichen, angenehm kaubaren Lebensmitteln, die auch noch leicht zu ernten sind, weil sie in Riesengruppen felderweit beieinanderstehen. Sondern auch Insekten und anderes Getier und Pilze, die ihr nächstes »Opfer« gleich nebenan finden. Und schließlich das Unkraut, das den gut bereiteten Boden genießt.

Wir müssen unsere Lebensgrundlage also ständig verteidigen. Wenn wir das nicht tun und der Natur freien Lauf lassen (der Traum jedes ahnungslosen Biofreundes) müssen wir den Insekten 20 bis 100 Prozent der Ernte überlassen. Die raufen sich mit Wühlmäusen, Vögeln, Rotwild und anderen Feinschmeckern aus Wald und Wiese um das köstliche Körndl. Wenn wir tatenlos zusehen.

Eine Möglichkeit, sich zu wehren (neben Vogelscheuchen, Zäunen und der Jagd), ist das Abklauben der Pflanzen. Händisch. Blatt für Blatt. Mancher erinnert sich vielleicht noch an das Maikäfersammeln bis in die 1960er-Jahre, als es eben noch keine anderen Mittel außer schwerem Gift gab. Nach ein paar Stunden und ein paar geschafften Quadratmetern im hektargroßen Feld nicht mehr lustig. Aber eine Biomethode.

Eine zweite Möglichkeit ist das Versprühen von Insektiziden. Die synthetischen Chemikalien waren früher hochgiftig und viel zu breit gestreut wirksam, wodurch Resistenzen entstanden, die die Mittel immer wirkungsloser machten. Die Dosis musste ständig erhöht werden, was umso schlimmer war, als sich das Gift im Boden sammelte, da diese Substanzen kaum abbaubar waren. Das alles hat sich heute geändert, moderne Mittel wirken sehr selektiv auf ganz bestimmte Schädlinge, man kann gezielt mit gut abbaubaren künstlichen Insektiziden arbeiten. Aber Resistenzen entstehen logischerweise auch, wenn nur wenige Wirkstoffe im Einsatz sind – was leider die Ökolobby im Europaparlament anstrebt, indem sie zwei Drittel der heute verwendeten Wirkstoffe aus dem Verkehr ziehen will.

Eine dritte Möglichkeit die Schädlinge zu bekämpfen ist das Aussetzen von Nützlingen. Durch sie erspart man sich die teuren chemischen Pflanzenschutzmittel. Eine Methode, die übrigens ganz allgemein zum Einsatz kommt, bei konventionellen und bei Biobauern. Nützlinge sind Tiere, die Pflanzen oder Erntegut von Schädlingen vorbeugend freihalten oder befreien. Sie werden vor allem in Glashäusern eingesetzt, wo durch die Pflanzendichte und Klimabedingungen sehr viele Schädlinge auftreten.

Viele dieser Nützlinge sind nur für Glashäuser, Wintergärten und Zimmerpflanzen zugelassen, wo man deren Einsatz gut kontrollieren kann. Als fremde Arten können sie in freier Natur nämlich das biologische Gleichgewicht stören. Es ist schon vorgekommen, dass solche Tiere unerwünschte Eigenschaften entwickeln, wie der Harlekin-Marienkäfer, der sich in Nordamerika unkontrolliert ausbreitet, alle möglichen Insekten, Spinnentiere oder Tausendfüßler angreift, plötzlich selbst die Früchte, die er indirekt schützen soll, frisst, und sich auch noch als Ungeziefer in den Häusern einnistet. Bei uns wird aber mit Nützlingen bisher sehr sorgsam umgegangen, und es sind keine dieser Horroszenarien bekannt. Nur gewisse Nützlinge dürfen im Freiland ausgesetzt werden, wie Parasitische Erzwespen, Raubmilben, Florfliegenlarven, Räuberische Gallmücken, der Australische Marienkäfer und Nematoden (Fadenwürmer).

Bis sich Erfolg bei dieser Art von Pflanzenschutz einstellt, kann das allerdings einige Zeit dauern. Er kann auch unwirksam werden, wenn die Temperatur oder die Feuchtigkeit gerade nicht passt und die Nützlinge absterben. Geht man verantwortungsvoll und mit Augenmaß vor, ist diese Methode vielversprechend.

Noch eine Methode gibt es, die auch den Biobauern erlaubt ist: Man setzt für die biologische Bekämpfung von Schadinsekten gewisse Viren, Bakterien und Pilze ein, die Menschen nicht schädigen, aber die Schädlinge töten oder unfruchtbar machen.

Himmel! Schimmel!

Doch es gibt auch Pilze, die Tiere und Menschen schädigen, und nicht nur schädigen, sondern regelrecht vergiften: Die Rede ist von Mykotoxinen, deren bekanntester Vertreter der so genannte Schimmel ist. Es gibt über 200 Gifte, die von 300 Pilzarten erzeugt werden und eine lange Liste von äußerst schädlichen Eigenschaften vorweisen können. Sie schädigen das Zentralnervensystem ebenso wie das Immunsystem, das Erbgut und den Fötus; sie können Hautreizungen, Organschäden an Leber und Nieren und allergische Reaktionen hervorrufen und Stoffwechselprozesse hemmen; und sie wirken krebserregend. Man findet sie vor allem in niederschlagsreicheren Gebieten, in regenreichen Jahren wie 2010 überall und vor allem im biologischen Landbau.

Als »böser« Bauer verwendet man als Gegenmittel synthetische Fungizide, die, richtig dosiert, gar keine bis kaum messbare Rückstände hinterlassen und sicher genießbare Früchte und gesundes Gemüse garantieren.

Als »guter« Biobauer verwendet man Schwefel, der zur Versauerung der Böden führt. Oder das Kupfer, ein an sich lebenswichtiges Element mit antibakteriellen Eigenschaften, das allerdings in Überdosierung und als Kupfervitriol schon in geringen Dosen giftig ist, sich in den Böden anreichert und deshalb von (Öko-)Toxikologen gerne aus dem Verkehr gezogen würde. Nicht so von Bio-Besserwissern, die sogar behaupten, das sei gesund, weil es der Körper als Spurenelement braucht – und da wieder einmal Äpfel mit Birnen verwechseln. Dazu siehe das Kapitel »Schimmelhimmel«. Außerdem hat Rudolf Steiner, der Bio-Moses, in seinen »Gesetzen« festgelegt, dass Kupfer die Venus widerspiegelt und ein Heilmittel, kein Gift, ist. Ja, wenn der das sagt!

Resistentere Sorten anzubauen, wie bei den Äpfeln Florina, Liberty, Rewena, Retina, Reanda und Topaz, die vorwiegend von der Wildapfellinie Malus floribunda 821 stammen, ist ein gutes Mittel, Mykotoxine zu vermeiden. Aber kein sicheres. Auch die wechselnde Fruchtfolge (die ja der »böse« ebenso wie der »gute« Bauer anwendet) kann gegen Mykotoxine helfen. Muss aber nicht: Ist die Erde von Nematoden, winzigen Fadenwürmern, befallen, die sich gerne in Gemüse- und Rübenfeldern in der Erde schlängeln, und ein Jahr wird besonders feucht und warm, dann kann man diesen Acker für die nächsten Jahre vergessen. Die Würmer überwuchern Wurzeln und Erdreich und machen ohne Eingriff durch kräftige Pflanzenschutzmittel den weiteren Anbau unmöglich.

Noch eine Technik gibt es: das Beizen. Das kannten schon die alten Ägypter. Dafür werden die Saatkörner mit einem desinfizierenden Stoff umhüllt, der vor Krankheitserregern schützen soll. Die Ägypter nahmen Oliventrester, Asche, Zwiebelsud und Zypressensaft, im Mittelalter verwendete man Jauche und Chlorsalz, später Salzwasser, heißes Wasser, Kupfer und sogar hochgiftiges Arsen. Heute sind es chemisch gewonnene Insektizide, mit denen das Saatgut getränkt wird. (Man färbt es auffällig, damit Wildvögel und andere Tiere es nicht fressen und die Menschen es nicht mit essbarem Getreide verwechseln.) Der Vorteil ist eine punktgenaue Anwendung statt Sprühverlust rundum auf den Feldern, die Wirkung ist umstritten.

Auch Biobauern wenden Pflanzenschutzmittel an. Beliebt sind vor allem Kupfer, Schwefel und Phyretrine. 25 Prozent der in Österreich aufgebrachten Pflanzenschutzmittel sind für den Biolandbau zugelassene Pestizide! Im Wein-, Obst- und Gemüsebau verwenden Bios oft die doppelte Menge an Pflanzenschutzmitteln verglichen mit konventionellen Bauern. Herauslesen kann man diese Vergleichswerte ganz objektiv aus den Beratungsunterlagen für Betriebsplanung, in Österreich herausgegeben vom Lebensministerium.

Bei der Beizung gibt es große Indikationslücken im Biolandbau. Die meisten Biowundermittel wirken nicht. Das Waschen der Körner mit heißem Wasser hat einen sehr geringen Wirkungsgrad. Die einzige den Bios erlaubte Bakterienkultur hilft nur wenig. Im Biogetreidebau sind samenbürtige Krankheiten wie Flugbrand deshalb ein ziemliches Problem.

Im Biolandbau eingesetzte Pflanzenschutzmittel sind nicht nur weniger wirksam, sondern auch nicht ungiftig, wie gerne behauptet wird. Viele sind sogar wesentlich (bis zum 100-fachen) giftiger als synthetische, wie auch das mittlerweile als Pflanzenschutzmittel verbotene, aber bis vor kurzem gerne verwendete Nikotin (davon später mehr). Und: Die chemisch-synthetischen Pflanzenschutzmittel sind im Vergleich zu den mit »Gespür und Augenmaß« verteilten Bioprodukten wesentlich besser getestet. Sie werden auf graduelle Wirksamkeit und Phytotoxizität (schädliche Wirkung auf die zu behandelnde Pflanze) untersucht, auf Toxikologie (Giftigkeit) und Abbaubarkeit, auf Umweltverhalten und Umweltbelastung.

Das im Biolandbau als Fungizid verwendete Kupfersulfat (Kupfervitriol) ist weit giftiger als vergleichbare synthetische Fungizide. Das Bioinsektizid Phyrethrine (hergestellt aus Chrysanthemenblüten) ist gleich giftig wie vergleichbare synthetische Insektizide.

Bei Biopflanzenschutzmitteln glaubt man einfach dem Herrn Steiner und seiner anthroposophischen Ideologie, der 1924 behauptete, dass natürliche Stoffe nicht giftig sein können. Offenbar hat er nie etwas von Schimmelpilz und Konsorten gehört.

Gift und Galle

Wenn man sich auskennt mit Giften, mit der chemischen Wirkung verschiedener Stoffe, dann kann einem übel werden, wenn man die oft so nett klingenden Mittel einmal näher anschaut. Die Biopestizide auf Kupferbasis sind in Gifttabellen durchwegs als gesundheitsschädlich eingeordnet. Schwefelkalk ist reizt Haut und Lunge und ist umweltgefährlich. Der Wirkstoff Pyrethrine, der in vielen Bioinsektiziden drin ist, ist dreimal so giftig wie das – verbotene – Atrazin. Das viel geschmähte Roundup (wird beim Einsatz von gentechnisch veränderten Pflanzen benützt) ist als ungiftig eingestuft und halb so giftig wie die meisten Biopestizide: Es wäre tödlich wenn man ein halbes Kilo davon isst, hat ähnlich Gefährlichkeit für den Menschen wie Vaseline. Auch der Vergleich mit Schimmelpilzgiften, Nikotin, Benzin und Parfumbestandteilen oder Reinigungsmittel (Ariel, Palmolive, Meister Proper) spricht für die konventionell eingesetzten Pestizide. Von ätherischen Ölen oder Parfums, die wir uns täglich ins Gesicht sprühen, auf dem Körper verteilen oder mit Ökositin über Teelichter verdampfen bekommen wir sicher mehr Gift ab als von gleich giftigen Pestiziden – wir leben aber alle noch. Und noch dazu so gesund wie noch nie!

Übrigens: Sehr giftig Pestizide (vergleichbar mit Nikotin, das ja bis vor kurzem noch Bio-kompatibel war) werden in der Landwirtschaft kaum verwendet, da die Auflagen extrem scharf sind (Giftbezugslizenz).

Bei Reinigungsmitteln und Baustoffen findet man offenbar die Toxizität (Giftigkeit) nicht so wichtig, meist steht auf den Erklärungen: »keine Daten vorhanden« oder »nicht relevant«. Aus den Daten der wenigen Hersteller, die doch Daten angeben, ist klar abzuleiten, dass die meisten Reinigungsmittel und Baustoffe von der Toxizität her mit den meisten Fungiziden und Herbiziden durchaus zu vergleichen sind. Nur – bei potentiellen Herbizidrückständen kriegt man die Panik, hantiert aber täglich unbekümmert mit Wasch- und Putzmitteln, und wäscht das »schreckliche Pestizidgift« auch noch mit diesen Waschmitteln weg!

Wer es nicht glauben will, sollte die Tabelle genau studieren. Zur Erklärung: LD 50 ist ein Vergleichswert für akute Toxizität, gibt die Menge einer Substanz an, bei der eine 50 Prozent Wahrscheinlichkeit besteht, dass man stirbt ,wenn man sie isst. Die Angaben beziehen sich auf ein Kilogramm Körpergewicht bei oraler Einnahme beziehungsweise bei Erwachsenen auf eine Person mit 80 Kilogramm Körpergewicht (Umrechnungen sind möglich). Um eine präzise Vergleichbarkeit zu haben sind immer die Werte von Rattenversuchen genommen (wenn vorhanden), wenn Versuche mit einem anderen Säugetier niedrigere Werte brachten, ist diesem Wert »beziehungsweise« vorgestellt. Viele Hersteller gegen nur Bandbereiten an oder den Mindestwert (>) Ein Wert von > 2000 wird also als nicht giftig eingestuft, das heißt, als Erwachsener müsste man 0,16 Kilogramm davon essen, um mit 50 prozentiger Wahrscheinlichkeit zu sterben.

Einstufung der Pflanzenschutzmittel:

0 Prozent keine Zulassung	wenn so giftig wie Nikotin, Dioxin, Aflatoxin
1 Prozent sehr giftig	Einstufung wie Schimmel
2 Prozent giftig	Einstufung wie Benzin
32 Prozent gesundheitsschädlich	Einstufung wie Bestandteile ätherischer Öle (Parfums), LD50 <2000
65 Prozent reizend oder umweltgefährlich:	ähnliche Einstufung wie Spül- und Waschmittel, Baumaterialen; LD50 >2000

Im Schweiße deines Angesichts ...

Zum nächsten Problem, dem sich der Bauer stellen muss: dem Unkraut, im Biobereich liebevoll Beikraut genannt, das die Erntepflanze überwuchert, verdrängt oder sich bei der Ernte mit seinen manchmal giftigen Pflanzensamen untermischt. Herbizide sind die eine, minimal dosierbare, heute auch gut abbaubare und verlässliche Möglichkeit, die zähen Störenfriede wegzubekommen. Demgegenüber stehen die den Biobauern empfohlenen mechanischen Methoden wie das Auszupfen oder das Aushacken bei Hackfrüchten wie Kartoffeln, Rüben und anderem Feldgemüse (stört die Bodenfauna, siehe oben!). Die sind schädlich für den Boden und den Bauern: Die Bodenfauna ist empfindlich gestört, der Bauer braucht bald intensive orthopädische Betreuung. Wer schon einmal ein paar Stunden auf dem Feld gehackt hat, kann sich gut vorstellen, wie gesundheitsschädlich diese Bewegung für Gelenke und Rückgrat ist.

Ein besonders störender und resistenter »Feindbewuchs«, nämlich der Ampfer, der giftig für Wiederkäuer und Pferde ist, lässt sich übrigens, wenn man diese teuflischen Industrieherbizide verabscheut, nur in solcher knirschender Knochenarbeit entfernen. Diese »Beikrautregulierung« (ein prachtvoller Euphemismus) wird auch bei der Ackerkratzdistel empfohlen, die sich auf Bioäckern besonders wohl zu fühlen scheint: »Mögliche Gründe für die zunehmende Bedeutung (der Distel) im Biolandbau sind die Zunahme der ökologischen Ausgleichsflächen und vernachlässigten Kulturflächen ...«, steht in dem warnenden Merkblatt des Forschungsinstituts für biologischen Landbau FiBL aus Basel. Da hat der Bauer dann einiges zu tun im März und April, denn selbst kurze Wurzelstücke von einem Zentimeter Länge sind lebensfähig, und diese Pflanze bildet bis zu fünf Meter lange Wurzeln aus. Und die Samen sind bis zu 20 Jahre keimfähig! Nach der Biophilosophie müsste man sie eigentlich gewähren lassen, auch wenn sie ganze Getreideproduktionen gefährden kann – denn sie ist von Bedeutung für die Erhaltung von 80 Tierarten, trägt also erheblich zur gebetsmühlenartig geforderten Artenvielfalt bei, die in einer Monokultur allerdings höchst unerwünscht sein muss.

Eine andere mechanische Möglichkeit ist das Striegeln von Getreide mit eigenen Maschinen, die das Unkraut herauskämmen, den Boden aufreißen und – wieder die Fauna stören. Da muss man den Zeitpunkt sehr genau treffen, sonst bleibt sie ziemlich wirkungslos. (Man kann durch einen Vergleich verdeutlichen, wie uneffizient und zeitraubend diese Möglichkeit ist: Haben Sie schon einmal mit einem Lauskamm die Haare Ihrer Kinder von Nissen zu befreien versucht, die sie sich in Kindergarten oder Schule geholt haben? Wenn nicht, seien Sie froh, wenn ja, dann wissen Sie genau, wovon die Rede ist, was das für Mühsal bedeutet.) Außerdem muss man den Zeitpunkt sehr genau treffen, denn sonst reißt man das Korn mit oder verteilt die Samen des Unkrauts flächendeckend. Selbst Kummer gewöhnte Biobauern sind von dieser Methode wenig begeistert.

Man kann natürlich auch das Produkt selbst durchsieben (wenn man den Ernteausfall von mindestens 20 Prozent durch Unkrautüberwucherung des Feldes in Kauf nimmt), und so versuchen, die Samen der unerwünschten »Beikräuter« zu entfernen. Bei einigen dieser Pflanzen, noch dazu besonders giftigen, ist das aber gar nicht möglich: Der Stechapfel ist von Hirsesamen größenmäßig nicht zu unterscheiden, ebenso wenig die Kornrade und das Schwarze Bilsenkraut, das sich auch gerne unter den (Bio-)Mohn mischt und schon in geringen Dosen tödlich, zumindest aber halluzinogen sein kann.

Womit wir bei einer weiteren Methode wären, sich biomäßig des Unkrauts zu bemächtigen: Man stellt das Übel als Vorteil hin. In Biozeitschriften meint man dann: »Bioflächen zeichnen sich durch eine höhere Vielfalt an Pflanzen, Tieren und Mikroorganismen aus. Dies macht das Bioökosystem robuster gegen

Störungen und Stress.« Man zeigt hübsche Bilder von Mohn- und Kornblumen, Disteln und sonstigen Wiesenblumen, die das Ackerfeld mit seinem sonst so drögen, konventionellen, monocromen Gelb bunt sprenkeln, und schreibt dazu: »In Ackerkulturen erhöht schon eine geringe Restverunkrautung (!) die Attraktivität für Laufkäfer und andere Nützlinge.« Übrigens auch für die Schädlinge, aber die blenden die Bios wieder aus. »In Bioparzellen konnten sich wesentlich mehr Beikrautarten entwickeln als in den konventionell bewirtschafteten Kulturen.« Da fragt man sich doch, warum nicht gleich eine Vollverunkrautung? Wäre doch noch attraktiver? Statt möglichst viel Getreide ohne »Beikräuter«, wie die konventionellen Bauern, pfui Teufel!

3. Kapitel

Der Baum der Erkenntnis

Wissen statt Glauben

Wie kam es also zu dieser bösen »konventionellen Landwirtschaft«, die durch ständige Forschung und Entwicklung und damit kluge Nutzung synthetischer und technischer Hilfsmittel heute eine gesunde, abwechslungsreiche, ausreichende Ernährung sichern kann? Natürlich immer vorausgesetzt, sie wird mit möglichst großer Berücksichtigung der Auswirkungen auf spätere Generationen betrieben. (Ich verwende hier übrigens absichtlich nicht das beliebte Schlagwort »nachhaltig«, denn das bedeutet gar nichts. Nachhaltig sind auch – und vor allem – Umweltsünden!)

Anfang des 20. Jahrhunderts begann die Ära des heute von der Biowelt verteufelten Kunstdüngers. Da entdeckten zwei Chemiker (Fritz Haber und Carl Bosch), wie man Ammoniak und damit Dünger in Massen künstlich herstellen kann, nämlich aus Mineralien. Versetzt mit Schwefel, Calcium, Magnesium und Spurenelementen hatte man den idealen Kunstdünger geschaffen, der synthetisch hergestellt und billig verkauft werden konnte. Man wusste jetzt, dass Stickstoff vor allem Blattmasse erzeugt, Phosphor die Blüten- und Fruchtbildung verbessert, Kalium die Holzbildung und Pflanzenstatik fördert und Magnesium die Nährstoffaufnahme intensiviert.

Gleichzeitig wurden Landmaschinen technisch geradezu sprunghaft weiterentwickelt, man begann mit der Industrialisierung des

Landbaus, vor allem in den USA. Neue Pflanzen, die dem großflächigen Anbau am besten entsprachen, neue Tierzüchtungen, die mehr Fleisch, mehr Milch, mehr Wolle in kürzerer Zeit lieferten, wurden in der Landwirtschaft eingeführt. In Entwicklungsländern wurden ernteerleichternde Plantagen angelegt, allerdings nicht, um den Arbeitern zu helfen, sondern um die Effizienz zu steigern, das Geld schneller einzubringen. Man wähnte sich dem Paradies nahe.

Des Bauern Sündenfall

Auch in unseren Breiten zählte bald Quantität vor Qualität. Man kübelte Mineraldünger in riesigen Mengen auf die Felder und freute sich über den Schnellwuchs der Pflanzen. Bei Regen allerdings wurde ein Teil der Düngemittel abgeschwemmt und landete in Bächen und Flüssen. Ein anderes Problem ist auch, dass mineralische Phosphatdüngung zu einer Anreicherung des Schwermetalls Cadmium im Boden führt: Phosphat einiger Lagerstätten enthält auch Cadmium.

Mittlerweile haben in der EU gesetzliche Vorgaben zu guter fachlicher Praxis über Düngemenge und Aufbringzeitpunkte, Abstandsauflagen zu Vorflutern und absolute Höchstgrenzen der Kunstdüngermengen dazu beigetragen, das Problem in den Griff zu bekommen. Nicht zuletzt sorgen hohe Düngerpreise und Umweltförderprogramme dafür, dass Bauern beim Düngemittelaufwand sehr genau planen und rechnen.

Das wirkliche Problem liegt aber in der Zukunft. Der Phosphatvorrat ist endlich, und in 100 Jahren werden alle Lagerstätten ausgebeutet sein. Die Frage, womit dann anstelle von Phosphat gedüngt werden soll, wurde von der Agrarpolitik bisher verdrängt. Ein Problem, das auch den Biolandbau trifft. Biobauern verzichten zwar auf »leicht lösliche Phosphatdünger«, düngen aber dennoch mit Phosphat aus fossilen Lagerstätten (Guano oder Aluminiumcalciumphosphate) oder Nebenprodukten der Eisenherstellung. Auch für sie sind Cadmiumgrenzwerte vorgeschrieben, und auch für Bios droht das Ende der Phosphorversorgung in 100 Jahren.

Was man dabei nicht vergessen darf: Auch organischer Dünger ist nicht unproblematisch, wenn er zu intensiv verteilt wird. Er wirkt zwar nicht so schnell wie mineralischer Dünger, wird auch nicht so schnell aus dem Erdreich ausgewaschen, denn die düngenden Wirkstoffe – chemisch sind das übrigens dieselben wie bei mineralischer Düngung – sind an Kohlenstoff gebunden, der sich langsamer zersetzt. Aber organischer Dünger lässt sich schlecht dosieren, und bei Überdüngung schädigt er ebenso Bodenfauna und Grundwasser. Er führt zur Algenblüte in Seen und damit zu Sauerstoffmangel in größeren Wassertiefen, was Fische und Wasserpflanzen tötet: eine besondere Gefahr in viehreichen Gegenden, in denen man viel mehr Jauche erhält, als man brauchen würde, was zu besonders großzügiger Fäkalverteilung auf den Feldern verlockt.

Der Transport von Gülle aus viehreichen Gegenden in viehlose rechnet sich aufgrund der hohen Transportkosten meist nicht. Zum Teil wandert Gülle mittlerweile in Biogasanlagen zur Strom- und Wärmeerzeugung. Berechungen aus den USA zeigen, dass es zum Beispiel möglich wäre, mit dem Dung der dortigen Nutztiere 100 Milliarden Kilowattstunden Elektrizität zu produzieren. Das wäre ein Fünftel des Verbrauchs in ganz Deutschland. Österreich könnte man damit zwei Jahre lang versorgen. Biogasanlagen rechnen sich aber nur, wenn gleichzeitig Strom und Wärme produziert werden. Und da nur schlecht. In Österreich hat zudem die E-Wirtschaft mit dieser nicht im eigenen Einflussbereich erzeugten Energie keine rechte Freude.

Ackerbau und Viehzucht sind eben besonders vielschichtige Systeme, bei denen Ursache und Wirkung nicht immer leicht auseinanderzuhalten sind. »Es ist alles sehr kompliziert«, wie ein Politiker einmal so treffend bemerkte. Aber wir wollen ja hier nicht ein Handbuch für Ackerbau und Viehzucht präsentieren, sondern Einblick in die sektenartige Entwicklung der Biowirtschaft geben; ihre frömmlerischen Argumente belegbar zerpflücken und ihre Versprechungen auf den Wahrheitsgehalt abklopfen.

Es grünt so grün

Wobei nochmals betont werden muss, dass der Beginn der Biobewegung uns viel Gutes gebracht hat. Als in den 1960er-Jahren junge Leute begannen, den Optimierungsvorschriften der Kriegsgeneration ins Gesicht zu lachen, als überall erneut Friedensbewegungen entstanden, Blumen ins Haar und Samen in die Scholle von Aussteigerbauernhöfen gesteckt wurden, als Erde plötzlich nicht mehr als auszubeutendes Sprießband verstanden wurde, sondern als empfindliches Lebenspolster, das uns verhungern lässt, wenn wir es total aussaugen, da änderte sich die Einstellung zur Umwelt radikal. Grünbewegungen entstanden. Man wurde sich der Wichtigkeit des Regenwalds bewusst, sah Nutztiere nicht mehr nur als Geldmaschine, sondern als fühlende Wesen, und beklagte zunehmend die Wässrigkeit und fehlende Substanz gewachsener Nahrungsmittel, den Verlust von Geschmack bei Gemüse und Obst, Fleisch und Fisch.

Dazu kamen immer neue Lebensmittelskandale, die wirklich ernste Hintergründe hatten: wie der 1988, als man das »Fleischdoping« an die Öffentlichkeit brachte. Auch Antibiotika waren wahllos eingesetzt worden. Und Stressmedikamente, die Tieren verabreicht wurden, damit sie den oft grausamen Transport besser überstanden. Wenn man da zum Vegetarier wurde, war das kein Wunder. Nur: Auch Gemüse war ja nicht ganz »stubenrein«.

Dass an dem schrumpfenden Wasserfleisch mit Medikamentenzusatz, an diesen Plastiktomaten und Pappendeckelerdbeeren, diesen Styroporäpfeln und Wassergurken die profitgierigen Bauern schuld gewesen wären, die nur noch optisch wirkungsvolle und leicht zu erntende Sorten anpflanzten und sie mit Chemie aufpumpten, stimmt nur zum Teil. Schuld an der Misere waren absurderweise auch die Konsumentenschutzorganisationen, die immer mehr Lebensmittelsicherheit verlangten. Obst durfte nicht faulen, Gemüse nicht fleckig sein, Fleisch nicht fett. Als das erreicht war, stürzten sich die vermeintlichen Retter der Menschheit auf die Rückstände, wie Hormone, Pestizide und künstliche Geschmack- und Farbstoffe. Gott sei Dank, denn damit wurde genug schädliches Schindluder getrieben. Aber!

Angst fressen Seele auf

Als jedoch die Konsumentenschützer auch damit – und vor allem dagegen – erfolgreich gewesen waren, als sie mit immer genaueren Messdaten immer mehr Rückstände nachweisen konnten, begannen sie, schon um ihre Existenz zu rechtfertigen, diese Erkenntnisse zu Schreckensnachrichten zu verformen. Ungeachtet der realen Auswirkungen auf einen normalen, abwechslungsreich sich ernährenden Esser.

Dabei hätte der Konsument dann schon einmal täglich tiefschwarz Gegrilltes kiloweise essen müssen, um sich in Krebsgefahr zu begeben. Oder sich monatelang ausschließlich von Paprika aus Spanien ernähren, um seiner Gesundheit Schaden zuzufügen. Statistiken wurden fälschlich so dargestellt, dass die Erhöhung gewisser Inhaltsstoffe nicht prozentual zum Gesamtbild genannt wurde, sondern in Relation zur Untersuchung des Vorjahres. Damit wurde die für so etwas immer dankbare Presse gefüttert. Dort wurde dann von einer skandalösen Steigerung von 100 Prozent berichtet, statt von den realen 0,01 auf 0,02 Prozent.

Und damit begann eine Hexenjagd, ein Lebensmittelfanatismus und eine Angst verbreitende Sektenbewegung, die gute Ansätze und richtige Überlegungen, idealistische Überzeugungen und vernünftige Argumente verdrehte und zu einer Religion umformulierte, in der sich Aberglauben und diffuse Mentaldoktrinen zu einer endgültigen Wahrheit verflochten: dem Bioglauben. Mit dem Wahlspruch: »Wer nicht für mich ist, ist gegen mich!«, der sämtliche vernünftige Kritik und Diskussion auf der Stelle und auf das Aggressivste unterbindet.

Dass dies gerade in einer Zeit geschah und geschieht, in der Körperkult und der damit verbundene Wellnesswahn aufblühen, hat diesem mystischen Geschwurbel noch in die Hände gespielt: Auch Wellnesstempel (sic!) schmücken sich gerne mit »Schwingungen« und »Naturkräften«, mit asiatischen Ritualen und ätherischen Klängen. Proponenten der Esoterik, dem Rettungsanker Unsicherer, die die »Magie alten Wissens« als Garant für Gesundheit und langes Leben predigen, werden, um beim Thema zu bleiben, geradezu angehimmelt.

Nix mystisch, die Biobauern und die Demeterjünger? Einfach Natur pur? Wenn Sie das glauben, dann sollten Sie sich das nächste Kapitel und den Infokasten »Erlaubte Zusatzstoffe für Biolebensmittel« einmal sehr genau anschauen.

Erlaubte Zusatzstoffe für Biolebensmittel

Hier ein Auszug der nach der EU Bioverordnung (889/2004) für den Bioanbau zugelassenen – nicht immer appetitlich klingenden, teils durchaus chemisch zu nennenden – Düngemittel und Bodenverbesserer:

- Stallmist, Kompost und flüssige tierische Exkremente (Gülle oder Jauche), sofern sie nicht aus industrieller Tierhaltung stammen Kompostierte oder fermentierte Haushaltsabfälle *(Höchstgehalt der Trockenmasse: Cadmium: 0,7 mg/kg; Kupfer: 70 mg/kg; Nickel: 25 mg/kg; Blei: 45 mg/kg; Zink: 200 mg/kg; Quecksilber: 0,4 mg/kg; Chrom (insgesamt): 70 mg/kg; Chrom (VI): 0 mg/kg.)*
- Torf
- Substrat von Champignonkulturen
- Exkremente von Würmern (Wurmkompost) und Insekten
- Guano
- Verarbeitete tierische Erzeugnisse aus Schlachthöfen und der Fischindustrie (!)
- Organische Nebenprodukte der Lebensmittel- und der Textilindustrie
- Algen und Algenerzeugnisse
- Sägemehl, Rinde und Holzabfälle
- Asche
- Rohphosphat
- Aluminiumcalicumphosphatgestein
- Schlacken der Eisen- und Stahlbereitung
- Kalirohsalz oder Kainit
- Kaliumsulfat, möglicherweise auch Magnesiumsalz enthaltend
- Calcium- und Magnesiumcarbonat
- Magnesiumsulfat (Kieserit)
- Calciumchloridlösung

- Schlempe und Schlempeextrakt
- Kalkhaltiges Magnesiumgestein
- Calciumsulfat
- Industriekalk aus der Siedesalzherstellung
- Spurenelemente (Bor, Kupfer, Eisen, Mangan, Molybdän, Zink)
- Schwefel
- Gesteinsmehl und Ton (Bentonit, Perlit)

Und als Ergänzung die bei »unmittelbarer Bedrohung für Kulturen« erlaubten Pflanzenschutzmittel gegen Schädlinge und Krankheitserreger:

Insektizide
- Azadirachtin aus Azadirachta indica (Neempflanze)
- Pyrethrine aus Chrysanthemum cinerariaefolium
- Pyrethroide (Deltamethrin oder Lambda-Cyhalothrin)
- Quassia-amoria-Zubereitungen
- Rotenon aus Derris spp. und Lonchocarpus spp. und Terphrosia spp.
- Ryania-speciosa-Zubereitungen
- Pflanzenöle (zum Beispiel Minzöl, Kienöl, Kümmelöl)
- Diverse Mikroorganismen wie zum Beispiel: Bacillus-thuringensis-Zubereitungen (BT) oder Granulosevirus-zubereitungen
- Kaliseife (Schmierseife)
- Paraffinöl
- Spinosad

Molluskizid
- Eisen-III-Phosphat (Eisen-III- Orthophosphat)

Fungizide
- Schwefel
- Schwefelkalk
- Kupfer in Form von Kupferhydroxid, Kupferoxichlorid, (dreibasischem) Kupfersulfat, Kupferoxid, Kupferoktanoat
- Kaliumpermanganat
- Natriumbicarbonat
- Pflanzenöle (z. B. Minzöl, Kienöl, Kümmelöl)
- Mineralöle

Pheromonzubereitungen

Die Liste der EU Verordnung kann jederzeit durch Beschluss Regelungsausschuss für ökologische/biologische Produktion der Europäischen Kommission ergänzt werden.

Noch schlimmer klingt die Liste der zugelassenen Zutaten »nichtlandwirtschaftlichen Ursprungs« für die Zubereitung von Biolebensmitteln:

- E 170 Calciumcarbonat
- E 270 Milchsäure
- E 290 Kohlendioxid
- E 296 Apfelsäure
- E 300 Ascorbinsäure
- E 306 Tocopherolreiche Extrakte – BB = Antioxidans in Fetten und Ölen
- E 322 Lecithin
- E 330 Citronensäure
- E 333 Calciumcitrate
- E 334 Weinsäure (L(+)-)
- E 335 Natriumtartrat
- E 336 Kaliumtartrat

- E 341 Monocalciumphosphat BB = Backtriebmittel für Fertigmehl
- E 400 Alginsäure
- E 401 Natriumalginat
- E 402 Kaliumalginat
- E 406 Agar-Agar
- E 407 Carraghenate
- E 410 Johannisbrotkernmehl
- E 412 Guarkernmehl
- E 413 Traganth
- E 414 Gummi arabicum
- E 415 Xanthan
- E 416 Karayagummi
- E 440(i) Pektin
- E 500 Natriumcarbonate
- E 501 Kaliumcarbonate
- E 503 Ammoniumcarbonate
- E 504 Magnasiumcarbonate
- E 516 Calciumsulfat BB = Träger
- E 524 Natriumhydroxid BB = Oberflächenbehandlung von Laugengebäck
- E 938 Argon
- E 941 Stickstoff
- E 948 Sauerstoff

Und im ökologischen Landbau zugelassene Verarbeitungshilfsstoffe für Erzeugnisse aus ökologischem Landbau:

- Wasser
- Calciumchlorid Calciumcarbonat
- Calciumhydroxid
- Calciumsulfat Magnesiumchlorid (oder Nigari)
- Kaliumcarbonat

- Natriumcarbonat
- Schwefelsäure
- Natriumhydroxid
- Kohlendioxid
- Stickstoff
- Ethanol
- Gerbsäure
- Eiweißalbumin
- Kasein
- Gelatine
- Fischleim
- Pflanzliche Öle
- Siliciumoxid als Gel oder kolloidale Lösung
- Aktivkohle
- Talkum
- Bentonit
- Kaolin
- Kieselgur
- Perlit
- Haselnussschalen
- Reismehl
- Bienenwachs
- Carnaubawachs

BESONDERE BEDINGUNGEN = BB sind

- Koagulationsmittel
- Trocknen von Trauben
- Säureregulator in der Zuckerindustrie
- Säureregulator zur Behandlung von grünen Oliven
- Lösungsmittel
- Filtrierhilfe
- Schmier-, Trennmittel oder Schaumverhüter in der Zuckerindustrie

- Trennmittel
- Kulturen von Mikroorganismen und Enzymzubereitungen, die normalerweise bei der Lebensmittelherstellung als Verarbeitungshilfen verwendet werden, ausgenommen genetisch veränderte Organismen gemäß der Definition d. Art. 2 Abs. 2 der Richtl. 901220IEWG.

Nun ja. So weit zu »keine Zusätze«.

4. Kapitel

Der Götze und seine Anbeter

Die Hummel im (Bio-)Himmel

Ein alteingesessenes, etwas abgewohntes Premierenkino. Rundum Dreadlocks, Rucksäcke, mildes Lächeln und graue Männerzöpfe, Cowboyhut und Holzfällerhemden, es herrscht angespanntes Summen. Sandalenträger drängeln sich um Brot, Weintrauben und Käse, prosten sich mit Achterln Wein zu (natürlich alles »bio«) und fühlen sich als wissender Dunstkreis.

So weit, so okay. Jeder hat das Recht, sich getreide-, rind- oder sauwohl zu fühlen. Ist ja auch eine gute Sache, die Besinnung auf die wahren Werte wie Erdscholle, Jahreszeiten, Geschmack und Geruch, Einklang mit der Natur und Tiefgang statt Oberfläche. Und damit gleich auch noch Naturschutz, Nachhaltigkeit und die Slow-Food-Bewegung. Ein bisschen Hippie, ein bisschen hip – obwohl von der neuen Generation »LOHA« noch nicht viel zu sehen ist, der neuen Biozielgruppe, die die »Latzhosenträger« ersetzen soll und die sich gerne in Gucci, Armani und Co. zeigt, aber auch wertebewusst: Man will wissen, ob der Kaviar aus glücklichem Stör geschält wurde oder die Passionsfrucht behutsam reifte.

Hier, im Kinosaal, bleibt man bodenständig. Nach lautstarker Ankündigung singt vor dem Plüschvorhang ein zartes Mädchen im Hummelshirt fröhliche Lieder von Bienen und Bäumen. Und dann wird ein Film begeistert vorgestellt und schließlich gezeigt mit dem nicht unoriginellen Titel: »Farmer John. Mit Mistgabel und Federboa«.

In Medien wurde John Peterson bereits als »Al Gore der Landwirtschaft« angekündigt – ja, auch Al Gore ist ein begnadeter Selbstvermarkter und nebenbei nicht ganz unumstritten: »I believe it is appropriate to have an overrepresentation of factual presentations on how dangerous global warming is, as a predicate for opening up the audience to listen to what the solutions are«, sinngemäß übersetzt: »Ich halte es für vertretbar, die Fakten zu übertreiben, um das Publikum zu Zuhörern zu machen.« So jemand bekommt den Friedensnobelpreis!

Zurück zu John. Er erzählt nun in rührenden, romantischen und Appetit auf Erde, Gemüse, das Leben auf dem Land machenden Bildern, auf graben und rupfen, ernten und säen, sein Leben: Seine Erfolge und Misserfolge, seine Hippiezeit, seine »wilden Jahre«. Er zeigt seine Mutter beim Ab-Hof-Verkauf. Man sieht John in Mexiko bei der Sinnsuche, John im Hauskleid mit Federboa auf dem Traktor, John wieder in Mexiko auf Sinnsuche, John umgeben von bewundernden Freunden. Zwischendurch beißt er in die eigene Erde und findet seine Scholle »g'schmackig«, liest Rudolf Steiner, stellt um auf Bio, kauft aber trotzdem im Supermarkt eine Twinky-Schokolade (Gott, wie menschlich). Hüpft dann mit blutjunger Freundin (kennen wir schon mit Hummelshirt und Gitarre) beide als Bienen verkleidet durch Ackerfurchen und hat viel Spaß, wie offenbar auch die Hofhelfer beim Unkrautjäten, Ernten und Ausliefern. Alle sind glücklich.

Auch die Zuschauer. Ist ja alles in allem wirklich ein gut geschnittener, flotter, nicht ganz humorloser Film, der, wie erwähnt, durchaus Appetit macht auf alternative, naturnahe, selbstregulierende Landwirtschaft.

Dann: Diskussionsrunde auf dem Podium mit »John himself«. Zwei Bauern, eine Slow-Food-Austria-Repräsentantin, der Moderator. Jeder dankt jedem, alle vor allem dem als Organic-Guru ausstaffierten John Peterson (Strohhut, Holzfällerhemd, breites Lächeln) für seine Anwesenheit. Man plaudert darüber, wie gut man ist, die Repräsentantin bezeichnet zwischendurch den Wiener Naschmarkt als »globalisierten Ernährungswahnsinn«. Will sie das faszinierende, zu kulinarischen Experimenten verlockende, internationale Angebot, diese Weltreise der Düfte, Farben und Formen wieder auf Schrumpfäpfel sowie Kraut- und Rüben beschränken? Wir wissen es nicht. Wir werden es auch nicht erfahren, denn die Fragen aus dem Publikum an das Konsortium sind eher Lobeshymnen und Ehrfurchtsbezeugungen vor diesem »internationalen Star«, der es uns jetzt gezeigt hat. Die letzte Frage, ob die mystischen und esoterischen Ratschläge Rudolf Steiners (Stichwort: Kuhhorn, siehe weiter unten) wirklich ernst genommen und vollzogen würden, wird irgendwie und eigentlich nicht beantwortet. Es folgt der Auftritt der hübschen Leslie Littlefield im schon bekannten Bienenkostüm, die diesmal im Duett mit John ihr Sumselied singt und mit dem Kazoo hummelt.

Damit man die Botschaft nicht vergisst, gibt es natürlich das Bumble Bee Book zu kaufen, mit Rezepten und Lebensweisheiten sowie Rudolf Steiners Lebensrezepten. Und auch eine Leslie-CD.

Ist ja alles halb so schlimm. Oder?

Wer diesen Abend mit etwas Abstand analysiert, dem bleibt ein zunehmend schaler Geschmack zurück. Erinnert das alles nicht fatal an religiöse Zusammenkünfte amerikanischer Prediger? Da findet man doch alles, was dazugehört: Abtrünniger wird durch ein einschneidendes Erlebnis (hier: der Tod der Mutter) zum wahren Glauben bekehrt, gründet eine Sekte (passenderweise »Angelic Organics« genannt), sammelt Jünger um sich und schafft mit ihnen das Paradies. Eine Hymne wird gesungen, eine »Bibel« mit nach Hause gegeben und ein Mantra eingeprägt: Ehre die Erde und erde dich! (Oder so ähnlich.)

Perfide Erpressung

Trotzdem, warum nicht? Wem schadet's, wenn gerngläubige Menschen die altertümlichen vier Elemente Feuer, Wasser, Luft und Erde als Verbindungen zum Kosmos sehen, und was dergleichen mehr gepredigt wird?

Ganz einfach: Dem Konsumenten schadet es. Ihnen. Nicht, weil er/sie schlechte Ware, schädliches Gemüse, gesundheitsgefährdende Schnitzel bekäme – was auch vorkommen kann, im Bioladen genauso wie im üblichen Supermarkt. Nein, es geht um den Preis, der selbstverständlich für handgezupfte Fisolen höher ist als für abgemähte. Und durch Brimborien wie Kuhhornvergrabungen (gleich mehr davon) noch erhöht wird. Auch um das Angstmachen, eine typische Religionsmethode, geht es hier.

Und um den Preis der Verunsicherung: Jede Biomarke hat die endgültige Wahrheit gepachtet – und es gibt gar etliche alleine im kleinen Österreich, desto mehr in Deutschland und der Schweiz, gar nicht zu reden von der restlichen Welt, denn nicht mehr allein die westliche Welt, auch China zum Beispiel, schlägt Kapital aus dem Ökoglauben. Jede Biogemeinschaft belächelt die Theorien anderer, jede hat andere Kriterien, nach denen gedüngt, geerntet, gefüttert und geprüft wird. Der Konsument kennt sich nicht mehr aus, ständig vom Verdacht verfolgt, die falschen Produkte zu wählen und vielleicht doch nicht gesund genug zu leben.

Und noch ein Opfer der Biofanatiker gibt es: den ehrlichen, bodenständigen, bemühten Landwirt, der diese esoterischen Regeln nicht mitmachen will, sondern einfach »nur« gute Produkte liefern. Der sich sehr wohl weiterbildet, nicht, um möglichst billig möglichst viel Plunder zu erzeugen, sondern um die modernen Erkenntnisse der Chemie, Physik, Biologie zu nutzen und damit die Natur zu schützen; um sein Vieh sorgfältig und artgerecht aufzuziehen. Der die Erde seiner Felder nicht vergiften, sein Heu und Korn natursaftig und -kräftig ernten, sein Gemüse vitaminreich und geschmackvoll anbieten möchte. Mit möglichst wenig Aufwand, ohne die Umwelt zu schädigen, in größtmöglicher Qualität. Er fällt um Subventionen um, erhält weniger beim Verkauf seiner Produkte, wird als »konservativ« bezeichnet und als gewinnsüchtig beschimpft. Er wird, wie ein konventioneller Bauer bei einer Diskussion so richtig bemerkte, stigmatisiert (wie war das mit Bio als Religion?).

Der Heilsbringer

Doch zurück zum »Erfinder« des ganzen, zu Rudolf Steiner, geboren 1861 im heutigen Kroatien, der unserem oben erwähnten Farmer John und vielen, vielen anderen zu einer »Offenbarung« verhalf. Schon mit sieben Jahren erschien ihm eine unbekannte Frau, von da an glaubt er an eine Welt voller Geisterwesen, die unsere physische Welt durchdringen. Diese kindliche Traumwelt ist die Grundlage seiner Philosophie mit dem Entwicklungsziel, sich über viele Erdenleben hinweg (er behauptet die Seelenwanderung) so zu läutern, dass man schließlich die materielle Hülle völlig ablegt und in die geistige, kosmische Heimat eingeht. Das alles will aber Wissenschaft sein, nicht Religion.

Er entwickelt seine Lehre aus der Theosophie einer amerikanischen Okkultistin namens Helena Petrovna Blavatsky, die Alchemie, hellenistische Hermetik, gnostische Lehren und hinduistische und buddhistische Gedanken zu einem Weltanschauungsbrei vermischt hatte. Steiner ist aber christlich ausgerichtet und entwirft deshalb sein eigenes Weltbild, die »Anthroposophie« (Weisheit vom Menschen). In wildem Mitteilungsbedürfnis schreibt er mehr als 360 Bücher. In diesen Werken entwirft er zum Beispiel eine Evolutionstheorie, mit der er behauptet, die Menschheit stamme von der sagenumwobenen Insel Atlantis. Viele dieser Weisheiten hat er hellseherisch einer »Akasha-Chronik« entnommen, die nirgends existiert. Außer in seinem erleuchteten Hirn natürlich.

Er sagt, schwarze Afrikaner stünden auf der Entwicklungsstufe eines siebenjährigen Kindes. »Soll der vollkommene Geist ebensolche Voraussetzungen haben wie der unvollkommene? Soll Goethe die gleichen Bedingungen haben wie ein jeder beliebige Hottentotte? So wenig wie ein Fisch die gleichen Voraussetzungen hat wie ein Affe, so wenig hat der Goethe'sche Geist dieselben geistigen Vorbedingungen wie der des Wilden. Der Geist in Goethe hat mehr Vorfahren als der in dem Wilden.« Steiner behauptet, dass durch das Lesen von »Negerromanen« schwangere Frauen Mulattenkinder, »grau und mit Mulattenhaaren«, zur Welt bringen. Und: »Die blonden Haare geben eigentlich Gescheitheit. Geradeso wie sie wenig in das Auge hineinschicken, so bleiben sie im Gehirn mit ihren Nahrungssäften, geben ihrem Gehirn die Gescheitheit. Die Braunhaarigen und die Schwarzhaarigen und die Schwarzäugigen, die treiben das, was die Blonden ins Gehirn treiben, in die Augen und Haare hinein.«

Er behauptet vier Seinsebenen: die mineralisch-physische, die Ätherwelt, die Astralwelt und das Ich-Bewusstsein. In Äther- und Astralwelt wirken kosmische Kräfte, daher sind hier Mond und Sterne bestimmend. Seine Ablehnung von Kunstdünger hat übrigens nichts mit Umweltschutz zu tun, sondern mit dem Fehlen kosmischer Kräfte: Kunstdünger ist der mineralischen Welt zuzuordnen und damit energetisch wertlos. Gründüngung und Mist wirken durch die Astralenergie der Tiere: in deren Kot wirkt ihre Seele, wirken kosmische und beseelte Kräfte in der Biolandwirtschaft. Biolebensmittel wären nur daher wertvoller und gesünder.

Er beschäftigt sich auch mit anthroposophischer Medizin, für die er in der Einteilung in System, Funktion und Pflanze Entsprechungen findet. Der kühle Pol ist als System das Hirn, dazu die Funktion das Denken und der entsprechende Teil der Pflanze die Wurzel. Die warmen Pole sind Stoffwechsel/Wille/Blüte; und Zirkulation/Gefühl/Blätter. Er entwickelt die Eurhythmie, eine Therapieform der anthroposophischen Medizin, die Bewegung (Tanz) und Sprache miteinander verbindet. Er philosophiert über Pädagogik und gründet Schulen (die Waldorfschulen, genannt nach der Zigarettenfabrik Waldorf-Astoria, für deren Arbeiterkinder er die erste Schule eröffnet), und er entwickelt die von ihm so genannte biologisch-dynamische Landwirtschaft. Biologisch heißt Verzicht auf Kunstdünger und chemische Behandlung von Pflanzen, Früchten und Unkräutern. Dynamisch – und für ihn und seine Jünger untrennbar damit verbunden – bedeutet die geistigen Kräfte, die in die Landwirtschaft eingebracht werden müssen. Seine Anhänger sehen dieses Erkennen geistiger Kräfte als hellseherische Fähigkeit.

So »erkennt« er auch, wie man Unkraut oder Insekten bekämpft: Man trocknet sie, zerreibt sie und streut sie auf die Felder. Der Mäuseplage kann man also Herr werden, indem man einer Maus das Fell abzieht, es ebenfalls trocknet und zerrieben in Küche, Kammer oder auf dem Acker verteilt. Es muss aber die Venus dabei im Zeichen des Skorpions stehen: *»… wenn er richtig bei der Hochkonjunktion von Venus und Skorpion durch das Feuer hindurchgeleitet worden ist, so werden Sie darin ein Mittel haben, dass die Mäuse diese Felder meiden.«* Er weiß auch, wie man die kosmische Energie in den Boden leitet: Man nehme ein Kuhhorn (Ochsenhörner werden wegen mangelnder Lebenskraft als nicht geeignet gesehen), fülle es mit Quarzsand und/oder Kräutern und begrabe es bei einer bestimmten Mond-/Sternenkonstellation am

Feldrand. Im Frühjahr grabe man es wieder aus, rühre den Inhalt verschiedene Male links und dann rechts herum in Wasser und besprühe damit die Felder.

Sie glauben, das ist graue Vorzeit? Das gibt es heute nicht mehr? Fragen Sie nach bei Demeter! Genauso wird Landwirtschaft noch heute zelebriert. Man nennt das dann »homöopathische Feldbehandlung«.

Ja, und nicht zu vergessen: Rudolf Steiner behauptet, dass Kühe bessere Milch geben, wenn ihnen der Mond auf den Hintern scheint. Das könnte man dann wohl als »kosmische Tierbehandlung« bezeichnen. Oder dass man zerhackte Eichenrinde in einem Schädel in der Erde vergraben soll, nach einem Jahr, dem Dünger beigesetzt, verhindere es Pflanzenkrankheiten. Noch ein Schmankerl aus der Steiner'schen Hexenküche: Auch Schafgarben, in der Blase von Wild über den Sommer in die Sonne gehängt, wirken wahre Wunder, sie beleben den Dünger, der dann »kosmische Stoffmengen« auffängt. Dazu ist eigentlich nichts mehr zu sagen.

Störender Unglaube

Bereits 1938 kommt ein renommierter Philosoph, Prof. Dr. Alfred Bäumler aus Berlin, nach geduldiger Lektüre und Analyse von elf Büchern Steiners zu dem Schluss: »Die biologische Wirklichkeit wird von ihm nicht nur übersehen, sondern bewusst in ihr Gegenteil verkehrt. Die Anthroposophie ist eines der konsequentesten antibiologischen Systeme, die es gibt.« Aber wer glaubt schon einem logischen Denker?

Erst 2007 beschäftigte man sich von offizieller Stelle in Deutschland mit Rudolf Steiner, der ja auch als Jugenderzieher und Schulgründer weiterhin und in weitesten Kreisen seine Weisheiten verbreitet, und wollte zwei seiner Bücher auf die Liste jugendgefährdender Bücher setzen, da sie rassendiskriminierende Aussagen enthielten. Eines der Zitate: »Die Menschen, welche ihr Ich-Gefühl zu gering ausgebildet hatten, wanderten nach dem Osten, und die übrig gebliebenen Reste von diesen Menschen sind die nachherige Negerbevölkerung Afrikas geworden.« So schreibt der Menschenfreund. Er belehrt über »passive Negerseelen, völlig ihrer Umgebung, der äußeren Physis, hingegeben.« Und von der natürlich weit überlegenen »kaukasischen Rasse«, die auf dem Weg zum Geistigen sei. Steinerfans versuchten das als »unzeitgemäßes Vokabular« zu entschuldigen, doch noch heute findet man in Waldorfschulen Schulbücher, in denen die »Menschheitsentwicklung« nach Steiner gelehrt wird, wonach wir alle, wie schon erzählt, von der sagenumwobenen Insel Atlantis stammen.

Zurück zur Biolandwirtschaft: Fairerweise muss man ergänzen, dass es seit den 1940er-Jahren neben Demeter, der besonders teuren und Steiner-treuen Biomarke, auch eine andere Bioschule gibt, die sich von dieser Esoterikverblödung entfernte – allerdings nicht aus überzeugter Gegnerschaft, sondern nur, weil man meinte, dass das die einfachen Bauern nicht verstehen. Diese ebenfalls religiöse Biofraktion nennt sich »organisch-biologischer Anbau« und wurde von dem Schweizer Lehrer Hans Müller und seiner Frau gemeinsam mit dem Arzt Hans Peter Rusch entwickelt: Aus dem christlichen Glauben leitete man die Verantwortung der Landwirtschaft gegenüber der Familie als Lebensgemeinschaft und Tradition sowie gegenüber der Natur als Heimat und Schöpfung ab. Man misst dem Bodenhumus und der Oberflächenkompostierung eine hohe Bedeutung zu, Bodenbearbeitung wird auf ein Mindestmaß beschränkt, um die Störung der Bodenmikroflora zu vermeiden. Betriebsautarkie ist zwar erwünscht, aber nicht zwingend, Landwirte können also organischen Dünger und Futtermittel zukaufen. Müller wollte damit eine preiswerte Methode für den Erhalt der Bodenfruchtbarkeit finden, weil viele Schweizer Kleinbauern sich Kunstdünger und Pestizide nicht leisten konnten oder durch deren Einsatz immer abhängiger von der Agrarindustrie wurden – und nicht, weil er Chemie »giftig« fand.

Doch die Entwicklungen seither gehen in eine ganz andere Richtung. Immer mehr »Experten« stellten diese und jene unerwiesene Theorie auf, Wissenschaftler sicherten sich mit dem Aufgreifen des Themas Lehrstühle und Gehör, Subventionen und politischen Einfluss. Und im Supermarkt verbreiten selbsternannte Lebensmittelretter seit den 1980er-Jahren ihre oft unkontrollierbaren Methoden durch Zertifikate: Im kleinen Österreich gibt es heute zehn verschiedene private Bioorganisationen, die ihren Produkten den Stempel aufdrücken. Und es gibt die AMA mit dem staatlichen Biozeichen für Bauern, die die EU-Öko-Verordnung befolgen und damit Subventionen einstreifen können. In Deutschland konkurrieren acht private Verbände. Und es gibt ein staatliches Öko-Kennzeichen-Gesetz. Seit 1. Juli 2010 ergänzt ein neues EU-Biosiegel die Zeichenvielfalt. Darüber genaueres im zehnten Kapitel.

5. Kapitel

Blut und Boden

Der Kampf um die Fruchtbarkeit

Was darf nun der Biobauer, was der konventionelle Bauer nicht darf? Und umgekehrt: Was ist ihm verboten? Und welche Auswirkungen haben diese erfundenen Gesetze wirklich?

Wie schaut es zum Beispiel mit dem Boden aus? Mit der Düngung? Mit den Schädlingen? Und mit der Umweltverträglichkeit?

Der Griff in die Scheiße

Wir erinnern uns: Düngung ist nötig, weil der natürliche Kreislauf durch den Menschen gestört wird. Bio behauptet, sich in diesen Kreislauf einzuklinken, ohne das Gleichgewicht zu stören. Das Glaubensbekenntnis lautet: Wir wollen autark wirtschaften, also keinen zusätzlichen Dünger zukaufen, schon gar keinen künstlichen, synthetischen, ohne »Seele«.

Ist das überhaupt möglich? Einigermaßen (niemals ganz, wie wir oben erläutert haben). Wenn der Bauer genausoviel Vieh hält, wie er zur Düngung seiner Felder braucht. Besonders genau kann er dabei allerdings nicht sein, denn die nötige Menge hängt vom Wetter ab, ob viel Regen die Erde ausschwemmt und die Gülle ins Grundwasser und in die Seen sickert. Es passiert dann auch, dass Feldbrunnen wegen zu hoher Nitratkontamination behördlich gesperrt werden – was allerdings unter das Amtsgeheimnis fällt, weshalb solche Vorkommnisse, wenn sie zum Beispiel auf den Anwesen von medienbekannten Biobauern passieren (Namen den Autoren bekannt), nur selten an die Öffentlichkeit dringen.

Es hängt auch davon ab, ob Trockenheit die Jauche zerbröselt und der Wind sie fein über die Landschaft, über Früchte, Tier und Mensch verteilt. Außerdem bleiben davon Rückstände am Gemüse haften, was zu wunderbarer Keimvermehrung führen kann – eine Gefahr, der man natürlich auch beim konventionellen Bauern, der Jauche aufbringt, ausgesetzt ist.

Apropos »böser« Nichtbiobauer: Bei einer aktuellen Studie von 2009, herausgegeben von Agroscope Schweiz (ART) und dem Schweizer Institut für Bioforschung FIBL (»federführend in der Bioforschung«, wie die Biogemeinde selbst dieses Institut anpreist), konnte bei Gülledüngung kein Unterschied zwischen den Systemen »bio«/»konventionell« festgestellt werden. Die Studie analysierte den bisher einzigen Langzeitversuch (27 Jahre) zum Thema Humus, der »heiligen Kuh« der Ökos: Unter gleichen Bedingungen und um alle anderen Störfaktoren bei der Versuchsanordnung bereinigt, erwies es sich als völlig egal, ob Biobauer oder konventioneller Landwirt. Selbst bei der reinen Mineraldüngervariante ohne Zuführung organischen Düngers sanken die Humusgehalte nicht so wie von »bio« prognostiziert: In **allen** Systemen hatte in den 27 Jahren der Humusgehalt abgenommen, vermutlich, weil tiefer gepflügt wurde und weil zu wenig organische Substanz zurückgeführt wurde. Eine herbe Enttäuschung für die Bios: Die höhere biologische Bodenaktivität, die einige Jahre davor im organisch-dynamischen Teil dieses Versuchs festgestellt wurde, ist nur auf einen anderen Bodentyp zurückzuführen, hatte also mit »bio« oder »nicht bio« überhaupt nichts zu tun.

Was hat der Biobauer noch für Möglichkeiten? Er kann zeitweise so genannte Leguminosen anpflanzen, Hülsenfrüchte, die die

Fähigkeit haben, mithilfe von symbiotischen Knöllchenbakterien (Rhizobien) Stickstoff aus der Luft aufzunehmen und dadurch den Boden mit Stickstoff anzureichern, wie Klee, Soja, Lupinen, Erbsen, Linsen. Die Leguminosenlösung klingt gut, doch der eine große Nachteil ist: Wie viel Stickstoff entsteht und gespeichert wird, ist nicht kontrollierbar. Das hängt von der Witterung und der Temperatur ab. Im ersten Jahr nach dem Pflanzen der Leguminosen schafft man einen Stickstoffüberfluss, der ständig und unberechenbar abnimmt: Bei häufigem Regen wird der Stickstoff sehr schnell ausgewaschen.

Und es gibt noch ein Problem mit der traditionsreichen und daher unantastbaren Fruchtfolge: Im ersten Jahr nach dem Leguminosenanbau hat zum Beispiel nachgebauter Weizen durch den Überschuss an Stickstoff hohe Proteinwerte. Klingt gut, ist es aber nicht: In nassen Jahren wird er dadurch besonders krankheitsanfällig, zum Beispiel für die Fusariumverseuchung (Wurzelfäule). Es tritt derselbe Effekt ein wie bei Überdüngung in der konventionellen Landwirtschaft. Und in trockenen Jahren ist der Ertrag viel niedriger. Gezielte Stickstoffdüngung würde das Problem verhindern, ist aber nicht »bio«.

Werden übrigens, um diese zwei leeren Jahren in einer achtjährigen Fruchtfolge zu vermeiden, anstatt 25 Prozent Leguminosen nur etwa 15 Prozent angebaut, dann braucht man zusätzlichen Stickstoff. Beim Biolandbau wird deshalb mit Hornspänen als Dünger experimentiert, mit kompostierten Pflanzenresten, Blutmehl, Fischmehl, Knochenmehl, Federmehl oder Haarmehl. Da aber fester Dünger die Nährstoffe nicht bedarfsgerecht zum richtigen Zeitpunkt freisetzt, werden in der Praxis dringend Alternativen gesucht. Organische Flüssigdüngemittel pflanzlicher Herkunft werden am Markt kaum oder nur zu enormen Preisen angeboten.

So holt man sich den fehlenden Stickstoff auch mit Vinasse, entzuckerter Melasse, einem Nebenprodukt der Zuckerrübenverarbeitung: Vinasse wirkt wie Kunstdünger und verbessert die Erträge, der Energieaufwand ist bei der Produktion des Melassederivats jedoch enorm (Umwelt!). Aber der Energieaufwand für die Produktion findet sich kaum in Ökobilanzrechungen.

Oder man nimmt Schlempe aus der Alkoholerzeugung. Oder Biogasgülle. Das ist ziemlich teuer, wird aber schon inklusive Transportlogistik angeboten – hat jedoch nichts mehr mit der Idee des autarken Bauernhofs zu tun.

Dann fehlt noch Phosphor. Nun könnte man die Knochen der geschlachteten Tiere zermahlen, um das darin enthaltene Phosphat wieder dem Boden zuzuführen – aber die Tierleichen holt sich kein Bauer vom Schlachthof zurück. Daher muss er doch zukaufen, nämlich das »Thomas-Mehl«, dessen Name mehr Natürlichkeit verspricht, als es halten kann, denn das ist nichts anderes als Phosphat, das bei der Eisen- und Stahlerzeugung übrig bleibt, auch Eisen, Mangan, Magnesium und Chrom enthält und mit Kalk fein vermahlen wird: die reinste »Chemie«.

Was der verteufelte Landmann macht, ist, Kunstdünger aufzubringen, eine Kombination aus Stickstoff, Phosphor und Kali – nichts Unnatürliches, das sind dieselben Stoffe, die man dem Boden entnommen hat, nur in reiner und daher besser dosierbarer Form (allerdings, Steiner zitierend, ohne kosmische Seele – was erst zu beweisen wäre). Das ist für den Biofreak derartig schrecklich, dass schon die herzigsten Schweinchen es panisch über den Hof rufen, wenn der Kunstdüngerverkäufer nur durch das Hoftor tritt, wie in einem TV-Spot gezeigt: »Bauer, den lassen wir nicht herein!«

Einen Nachteil hat er, der Kunstdünger, man muss ihn zukaufen. Doch das bedeutet andererseits, dass die Überdüngung mit Kunstdünger kaum noch passiert, denn kein Bauer wird unnötig mehr Geld ausgeben. Man weiß heute auch recht genau, welche

Menge sinnvoll ist: Konventionelle Getreidebauern messen während der Wachstumsaison mittlerweile mit modernen Testgeräten die Ausprägung der Grünfärbung der Getreideblätter (Hydro-N-Tester), können so während der Wachstumsphase den Stickstoffbedarf der Pflanzen bis zur Ernte gut ermitteln und so gezielt nach Bedarf düngen. Eine derartige Steuerung der Stickstoffversorgung ist in der den Widrigkeiten der Natur ausgelieferten Biolandwirtschaft nicht möglich.

Wieviel mehr als bei »bio« man deshalb von Lieferanten abhängig wird, ist wieder eine andere, debattierbare Geschichte.

Die sieben Plagen

Was nur tun als tierfreundlicher Biobauer, wenn einen die »biblischen Plagen« heimsuchen, die Heuschrecken und Kartoffelkäfer, die Mäuse und Maikäfer, die Reblaus, die Blattlaus und der Frostspanner, um nur einige zu nennen (von Wildschweinen, Rehen und sonstigem größerem Getier einmal abgesehen)? Man darf ja keine Insektizide aufsprühen, denn das ist teuflische Chemie.

Die Raupen, Käfer und Schnecken könnte man ja noch von den Blättern abklauben – auch wenn man dabei seine Sünden mehr als abbüßt, ständig damit beschäftigt wäre (bei größeren Feldern wohl nicht alleine) und anschließend gekrümmten Rückens zum Arzt müsste. Und bei Puppen und Läusen funktioniert das erst gar nicht.

Auch Biobauern müssen also, wenn sie nicht ihre ganze Ernte an die gepriesene Artenvielfalt der Mitesser verfüttern wollen, mit Chemie dagegen kämpfen. Man nimmt aber nicht die in vielen Jahren sorgfältig entwickelten, gut dosierbaren, gezielt wirkenden Insektizide, denn die sind ja tabu, sondern spritzt Mittel, die naturverbundener klingen oder als Hausmittel bekannt sind. Bis vor kurzem den beliebten Nikotinsud (ist mittlerweile im Biolandbau als Pestizid offiziell nicht mehr zugelassen), den man auch bei Zimmerpflanzen empfiehlt. Dort stört es auch nicht weiter, dass Nikotin ein krebserregendes Nervengift ist, das nicht nur Schädlinge, sondern auch Nützlinge und alles mögliche Kleingetier töten kann und als umweltgefährdend eingestuft wird (wo bleiben da die fanatischen Nikotingegner?). Auf offenem Feld, in freier Natur, sieht das schon anders aus.

Übrigens ist Nikotin, bisher großzügig verteilt, sechsmal giftiger als das berüchtigte, in der EU streng verbotene DDT – wie war das mit Tests, die vor dem Einsatz der Mittel Nachhaltigkeit beweisen müssen? Hier spielt sich ja ein ganz spezielles Pharisäertum ab: Weil er selbst nach der EU-Bioverordnung kein erlaubtes Pflanzenschutzmittel ist, wird Nikotinsud in der Bioszene dann eben als Dünger deklariert, in derselben EU-Bioverordnung unter dem Titel »Produkte und Nebenprodukte pflanzlichen Ursprungs für Düngezwecke« geführt. Auch wenn damit offensichtlich Blattläuse bekämpft werden – es war ja zu Düngezwecken eingesetzt.

Desgleichen Brennesseljauche. Klingt wieder ganz harmlos, wirkt aber durch ätzende Ameisensäure wie ein Pestizid. Auch sie wird in Internetforen immer als »Biodünger« bezeichnet, weil als Pflanzenschutzmittel verboten.

Auch Natriumformiat ist dem Biobauern erlaubt, ebenfalls eine Art von Ameisensäure, die bei Hautkontakt schwere Verätzungen und Blasen, außerdem Hautallergien, Leber- und Nierenschäden verursachen kann.

Auch Bt darf in der Biolandwirtschaft verwendet werden, ein an sich im Boden lebendes Bakterium (Bacillus thuringiensis), das zum Beispiel gegen Kartoffelkäfer eingesetzt werden kann: Klingt doch wieder ganz harmlos? Aber auch hier gilt der Grundsatz von

Paracelsus: »Die Menge macht das Gift.« Und Gift produzieren diese Bakterien, nämlich ein Toxin, das in konzentrierter Form tödlich auf die Larven von Insekten wie von Käfern, Schmetterlingen, Mücken und Fliegen wirkt, aber harmlos für andere Lebewesen ist. Bt ist übrigens dasselbe Mittel, das in gentechnisch veränderten Pflanzen eingebaut ist und dort wunderbar funktioniert.

So wird das Bt Präparat im Biolandbau hoch gelobt, in der Gentechnik verteufelt. Dabei wirkt Bt in gentechnisch veränderten Pflanzen rein auf gezielte Insekten und hat nicht die Nebenwirkungen wie bei der gefährlichen Aufbringung auf freiem Feld: Es muss ja mit voller Schutzkleidung verteilt werden und darf nicht in Kontakt mit Kindern oder Haustieren kommen, da es sonst schwere Hautreizungen hervorruft. Harmlos? Umweltfreundlich?

Ein weiteres Hausmittel, die Seifenlauge, ist, wie jeder Besitzer eines verlausten Oleanders weiß, fast wirkungslos. Sie muss daher in Unmengen angewandt werden und ist dann schäumend in Grundwasser, Flüssen und Seen zu finden.

Und auch Resistenzen, gerne den künstlichen, gentechnischen Insektiziden zugewiesen, sind schon bei Biopflanzenschutzmitteln nachgewiesen worden. Wie beim Apfelwickler.

Schimmelhimmel

Ein besonders hartnäckiger Feind des Biobauern ist der Schimmel, ein – wie schon erwähnt – höchst schädliches Gift, das in der Nahrungsgeschichte unzählige Tote forderte. Wie Patulin, ein natürliches Mykotoxin und ein echter Killer, der auf pflanzenschutzmitteltechnisch nicht ordentlich behandeltem Obst vorkommt. Auf Bioäpfeln und -birnen ist es öfter nachzuweisen und dabei 25-mal gefährlicher als das teils zu Recht schwer verteufelte DDT.

Dem Schimmel ist eigentlich nur mit rettenden Fungiziden beizukommen, über deren Entdeckung die Menschen noch vor einigen Jahrzehnten sehr glücklich waren. Heute ist das nicht mehr so, heute gehören Fungizide zu den bösen Mächten und sind dem »guten« Bauern verboten. Übrigens nicht alle, fast 25 Prozent der eingesetzen Wirkstoffmenge sind dem Biobauern erlaubt – als Biofungizide. Es sind dies entweder die weniger wirkungsvollen wie Schwefel oder Kupfer oder die Totalkiller wie Schwefelkalkbrühe (Calziumpolysulfid). Diesem Unsinn ist auch zu verdanken, dass das Mutterkorn, ein besonders giftiger Pilz, der fast ausgerottet war, wieder im Vormarsch ist. Es gibt sogar Subventionen bei Fungizidverzicht, diese Vergiftungsmöglichkeit wird also offiziell gefördert!

Eine Möglichkeit, die Pilzinfektionsgefahr aus der Erde zu verringern (Primärinfektion), sind bestimmte Fruchtfolgen. Man baut zum Beispiel nach Weizen nie Mais an. Doch ein echter Schutz ist das nicht. Bei Gemüse und vor allem bei Obst und Wein helfen selbst ausgeklügelte Fruchtfolgen nichts, Wein- und Obstgärten stehen noch dazu 20 Jahre an derselben Stelle. Was tut also der Biobauer? Er nimmt, wie schon erwähnt, Kupfer, einen Liebling der Naturheiler – kein Wellnessguru ohne Kupferarmband. Doch was kann Kupfer wirklich? Wie wird es versprüht?

Kupfer ist zwar ein lebenswichtiges Element, das im Menschen vor allem in Leber und Knochen vorkommt, ist aber in höherer Dosierung giftig. Das wasserlösliche Kupfersulfat, das aus Kupfererzen und Schwefelsäure gewonnen wird, wirkt antibakteriell, wurde früher in der Medizin als Brechmittel und zum Wegätzen von Warzen eingesetzt. Doch es stellt durch seine gute Wasserlöslichkeit eine besonders große Gefahr für Gewässer dar, in denen es die Organismen tötet und deshalb als »wassergefährdend« deklariert wird. Man weiß auch, dass zum Beispiel Schafe sterben, wenn sie Gras von kupferverseuchten Böden fressen.

Kupfersulfat, gemischt mit Kalk, von Biobauern als Bordeauxlösung – wieder einmal ein hübscher Euphemismus – aufgebracht, hilft zwar einigermaßen gegen Pilzbefall, doch die schlechten nachhaltigen Auswirkungen auf Fauna und Menschen sind deutlich. Man weiß jedenfalls, dass Kupfer die Augen verätzt, beim Einatmen der Lunge schadet und dass durch Einnehmen die Nieren schwer geschädigt werden. Und man weiß, dass Kupfer systemisch wirkt, also vom Blatt aufgenommen und in die Pflanze transportiert wird. Ein bis zwei Milligramm bei Kindern können tödlich wirken, sechs bis acht Milligramm bei Erwachsenen. Wieso man sich in der Biomedizin traut, bis zu sieben Milligramm als Ernährungszusatz zu empfehlen, ist vollkommen unverständlich. Wobei sogar dort, wo man diese Zusätze verkauft, gewarnt wird: »*Kupfer wird recht gut vertragen und ist bis zu einer täglichen Dosierung von fünf bis sieben Milligramm ungefährlich. Ab zirka sieben Milligramm täglich können Schmerzen im Bauchbereicht mit Übelkeit, Erbrechen oder sogar Durchfall auftreten. Auch können – insbesondere bei Schäden im Kupfertransportmechanismus – Leberschäden auftreten. Es gibt auch Krankheiten, die mit einer Kupfereinlagerung in das Gehirn (in die Basalganglien) einhergehen. Als Folge davon kann eine Parkinson-ähnliche Symptomatik mit Schüttellähmung, geringerer Beweglichkeit und Steifheit des Körpers entstehen.*«

Trotzdem wird Kupfer auf massiven Druck der Biolobby weiter erlaubt. Mit der Alibi-Einschränkung »auf Anwendung für Tomaten in Glashäusern«. Mit dieser fadenscheinigen Zulassung wird mittels Indikationserweiterung der Kupfereinsatz für den Biolandbau immer noch weiter zelebriert.

Jedenfalls wird in Biokreisen fieberhaft geforscht, um einen Ersatz für Kupfer zu finden, und man kann nur im Interesse der Umwelt hoffen, dass das bald gelingt. Im konventionellen Landbau ist das ja gelungen – aber das ist böse, interessiert den Biomenschen nicht, da es aus ideologischen Einschränkungen nicht möglich ist, hier andere Chemie einzusetzen. So wird es in nächster Zeit wahrscheinlich für Biolandwirte leider keine wirkliche Alternative zu Kupfer geben. Böse Zungen behaupten deshalb auch, das einzig Nachhaltige an »bio« sei Kupferanreicherung im Boden – denn die kriegt man nie wieder weg.

Dem Biobauern wird folgende Menge an Reinkupfer pro Hektar pro Jahr erlaubt:

- Bei Bioobst 2,5 Kilogramm pro Hektar und Jahr (in Wien sogar drei Kilogramm)
- Auf dem Bioacker zwei Kilogramm pro Hektar und Jahr
- Die EU würde sogar bis zu sechs Kilogramm pro Hektar im Fünfjahresschnitt erlauben!

Auch Schwefel ist dem Biobauern erlaubt – ein Hauptbestandteil von Smog und saurem Regen, der noch vor zwei Jahrzehnten für Katastrophenszenarien herhalten musste, für Waldsterben, tote Gewässer und unfruchtbare Erde! Heute redet kein Mensch mehr darüber, im Gegenteil, man lässt ihn mit heiligem Sendungsbewusstsein auf die Felder versprühen und hat offenbar völlig vergessen, dass man als Weltenretter in den 1980er-Jahren vor Übersäuerung durch Schwefel und dadurch Entstehung von Schwermetallionen gewarnt hat, die die feinen Wurzeln von Pflanzen absterben lassen.

Das Beizen als weitere Möglichkeit, den scheußlichen Schimmel abzuwenden, wurde bereits erwähnt, man behandelt die geernteten Körner. Der Biobauer verwendet natürlich nicht die erfolgreichen Forschungsergebnisse vieler Jahre, zum Beispiel die verschiedenen »chemischen« Azole, die aus Teer gewonnen werden – die sind ja nicht vom Esoteriker Rudolf Steiner abgesegnet, wurden erst viel später von der modernen Wissenschaft entwickelt, bedeuten Wissenserweiterung und Fortschritt. Nein, Biobauern nehmen wieder einmal Kupfer (übrigens schon 1808, in der »guten alten Zeit«, auf die man sich sonst gerne beruft, als schädlich verboten) und Schwefel.

6. Kapitel

Die Inquisition

Der Streit um die wahren Werte

Zurück zum Glauben ohne Wissen, der auch von höchst offiziell klingenden Stellen wie Global 2000 in die Welt getrötet wird. Diese Organisation ist angeblich besonders glaubhaft, wie ganz allgemein NGOs, vermeintlich selbstlose Non Government Organisations, obwohl sie durchaus profitorientiert sind, wenn man einmal hinter die Kulissen blickt. »Grundsätzlich ist ›bio‹ immer besser als ›konventionell‹«, weiß zum Beispiel die Agrarsprecherin jenes Vereins, und damit mehr als jeder Wissenschaftler. Und sie weiß sich damit in der beifällig nickenden Bessermenschengemeinschaft mit ständig wiederholten ähnlichen Behauptungen wohl aufgehoben. »Bio ist gesünder für Mensch und Natur, das zeigt jede Studie«, zitiert sie Erkenntnisse, die nirgends nachzuprüfen sind. Unwidersprochen berichten sonst ernst zu nehmende Zeitungen über Tests, die einen 64 Prozent höheren Omega-3-Fettsäureanteil in Biomilch behaupten: Nach (mühsamer, wochenlanger) Recherche als Zitat aus einer Ministudie mit zu wenig und unvergleichbaren Samples aufgedeckt.

Überall wird gejubelt und gepriesen, nirgends bewiesen. Aber beim Vorlegen von Gegenbeweisen sofort gezetert, gestritten und – stigmatisiert. Nachweisbare Fakten werden mit Spott und Hohn verfolgt. Auch wenn man beweisen kann, dass die im Biolandbau eingesetzten Pflanzenschutzmittel oft giftiger sind als vergleichbare synthetische (siehe oben); aber, dass konventionelle Pflanzenschutzmittel strengsten Zulassungsprozessen unterliegen, in denen Wirksamkeit und Giftigkeit genau abgewogen, Resistenzenentwicklung und Umweltverträglichkeit geprüft werden – was bei biologisch zugelassenen »natürlichen« Schutzmitteln oft gar nicht möglich ist.

Heute streiten ...

Eine »geschmackvolle« Fernsehdebatte in Monologen

»Ist ›bio‹ gesünder für uns? Ist es gut für Tier und Umwelt? Und: kommen wir, wenn wir den Hunger in der Welt bekämpfen wollen, mit ›bio‹ weiter, oder vielleicht mit Gentechnik?«, so fragt Frau Maischberger spätabends im TV und stellt die Runde vor: Da nickt Deutschlands Lieblingsköchin larmoyant, da lächelt der Allgäuer Naturkostpionier und Biobauer, auch Gründer der Biomarke Rapunzel, milde. Da grüßt der wahrhaftige Teufel, ein Schweizer Genforscher, der Genfood für gesünder als Biokost hält. Und ein Ökokritiker und Journalist, der ein Buch über das Thema geschrieben hat, das an die Vernunft appelliert, nickt freundlich.

»Heute streiten ...«, beginnt Frau Maischberger, und prompt beginnt man statt einer Diskussion und dem Versuch, objektiv Erkennbares und Nützliches herauszuschälen – eigentlich ja Sinn eines solchen Zusammentreffens –, eine Beschuldigung nach der anderen durch das Studio zu fetzen. Die freundlichen Lächler der Begrüßung sind schnell dünn geworden.

Die Köchin mit den drei Restaurants bietet vorwiegend »bio« an und isst auch nur biologisch. Sie behauptet, »bio« sei das einzige gut kontrollierte Label, nur dort hat man Sicherheit. Stellt sie fest: »Jeder hat das Recht, sich selber zu vergiften.« Doch sie weist vor allem auf Umwelt und Natur hin. Stickstoff, Mineraldünger, Medikamente – ihr rotes Tuch. Sie will keine Chemie in ihrem Essen haben, sie will Transparenz, sie will Kontrolle über ihren Körper – ein nachgeplappertes Schlagwort jagt das andere. 400 Zusatzstoffe ohne Langzeitwirkungstests machen ihr Sorgen.

Der Genforscher beklagt, dass »bio« die normalen Lebensmittel aus den Regalen verdrängt, nennt es »Zwangsfütterung«. Er möchte nicht in Biorestaurants essen, möchte klare, rationale Gerichte auf seinem Teller. Die Köchin lacht. Er möchte nicht über den Tisch gezogen werden von jemandem, der »... Glaube, Liebe und Hoffnung verkauft, das ist drin in ›bio‹, sonst nichts!« und der damit Geld macht. Wie auch viele Bauern, die deshalb auf Bio umstiegen. Die Bioköchin lächelt nicht mehr. Plötzlich findet sie den Geschmack wichtig, nicht die Ideologie. Sie selbst sei nicht teurer als andere, verteidigt sie sich.

Glaubensfrage, Religionsersatz, Fanatismus kommen ins Gespräch. Der Bioguru mit dem milden Lächeln und dem heimeligen Sprachfehler, gefragt, ob er sich als »Priester, als Teil einer Sekte« fühle, lehnt ab. Es ist alles bewiesen. Sagt er. Er weist auf eine noch nicht veröffentlichte 18-Millionen-Studie der EU hin, die beweisen wird (warum gibt es nie eine, die bereits bewiesen hat?), dass Biolebensmittel wesentlich weniger Rückstände und Schadstoffe haben als konventionell erzeugte, dass wesentlich mehr wertgebende Bestandteile drin sind, Antioxidanzien und solche Dinge wie sekundäre Pflanzeninhaltsstoffe.

Der Journalist weist auf bereits vorhandene Studien hin, die es seit den 1920er-Jahren gibt. Bis heute sei nichts festgestellt worden. Auch Metastudien aus England, aus Griechenland und Deutschland, Studien, die alle bisherigen Studien verglichen haben, Hunderte, Tausende mit verschiedenen Ergebnissen, konnten keine gesundheitlichen Vorteile bei Bio finden. Und er geht auf das »Stickstoff«-Argument der Köchin ein: Auch Biobauern düngen mit Stickstoff.

Und auch sie verwenden Pestizide, über zwei Dutzend, darunter Schwermetalle wie Kupfer, an denen die Regenwürmer sterben.

Der Rapunzelmann behauptet: Bis zu 80 Kilogramm Kupfereinsatz pro Hektar im konventionellen, nur bis zu vier Kilogramm im Biolandbau. Dass auch dort schon Böden ausgetauscht werden mussten, weil sie kupferverseucht waren, diese Bemerkung überhört er.

Der Gentechniker mischt sich ein. Früher waren die Reben türkisfarben von dem ungesunden Kupfer, heute hätte man biologisch abbaubare Pestizide gefunden, die aber natürlich von den Biobauern nicht verwendet würden.

»Sie streiten hier so, wie sonst Leute nur über Religion streiten.« Frau Maischberger hat den Nagel auf den Kopf getroffen. »Wieso ist diese Debatte so emotional aufgeladen?«

»Weil es moralisch festgezurrt ist, dass Biolandbau etwas Besseres ist.« Der Journalist, ein einst »Grüner«, der durch Zuhören bei »bösen« Argumenten und Recherchen draufkam, dass »es gut meinen« das Gegenteil von gut bedeuten kann, weiß, wovon er redet. »Es wird anderen Landwirten und den Konsumenten eingeredet, sie würden etwas Böses tun, etwas Schlechtes kaufen, es wird ihnen permanent ein schlechtes Gewissen eingeredet, wie von einer Kirche.« Auch er sei Glaubenskrieger, eben ein Andersgläubiger. »Ich sage nur: Macht den Leuten keine Angst!«

Die Angstmache, eine alte religiöse Tradition, die auch jede Sekte verwendet, definiert er: »Die konventionellen Bauern werden als schlecht dargestellt, weil sie moderne Pestizide einsetzen statt die 50 oder 100 Jahre alten schlechteren Pestizide, die Biobauern einsetzen.«

»Die Rettung der Welt liegt im ökologischen Landbau.« Das, meint die Köchin, ergebe eine aktuelle UNO-Weltstudie des

Agrarrats in Paris, wo 400 Experten zu dem Ergebnis gekommen seien, dass der intensive Landbau, wie wir ihn heute betreiben, ein Fehlweg ist. »Versalzung, Erosion, Wassermangel können durch ökologischen Landbau geheilt werden, Böden wieder gesund gemacht werden.« Der Versuch des Journalisten, diese Information als falsch zu entlarven, er meint, sie hätte diese Studie offenbar nicht genau gelesen, wird mit scharfer Stimme abgeschmettert, indem sie im selben Atemzug auf ein anderes Thema überschwenkt: Für satte Mitteleuropäer seien die zwei Prozent Vitamine, die ein Bioapfel vielleicht mehr hat, unwesentlich. Aha. Jetzt plötzlich? Ihr geht es nun darum, wie man die Schweine behandelt. Die Tiere. Die Böden. Die Dritte Welt. Die Zukunft der Kinder und Enkelkinder. Das sei die wesentliche Diskussion. Und sie fächelt mit den Händen. Jetzt will sie nicht mehr über die vorhin von ihr so wichtig genommenen sekundären Pflanzenstoffe diskutieren. Und der Journalist hat Glück, dass Blicke nicht töten können.

Wieder versucht er, auf die von ihr falsch zitierte Weltstudie des Agrarrats zurückzukommen. »Die Studie aus Paris verlangt einen ökologisch angepassten Landbau.« Man sollte die Bodenbedingungen, die Umweltbedingungen der verschiedenen Regionen berücksichtigen und nicht zum Beispiel Soja in Brasilien über Jahrzehnte anbauen und damit den Boden zerstören, diese fatalen Formen der Monokultur würden da kritisiert. »Wer nimmt die denn schon in Schutz, wer redet denn dafür? Dass der konventionelle Landbau viele Schattenseiten hat, ist allgemeiner Konsens.« Die Studie wende sich, erklärt er noch einmal, gegen zerstörerische Ausbeutung, habe nichts, gar nichts mit Biolandbau oder Gentechnik zu tun. Da schweigt die Köchin.

Der Herr »Rapunzel« wird jetzt deeskalierend von Frau Maischberger eingeschaltet. Ob er selbst an sich Unterschiede feststellen könne – immerhin mache er das seit 1974, wurde damals als Spinner belächelt. Er führt fünf gesunde Kinder ins Treffen, es gehe ihm sehr gut, er sei erst im vorigen Jahr bei einem Marsch gegen Gentechnik von Lübeck bis Lindau gelaufen. Die Muttermilch seiner Frau hätte bei einer Studie vor 20 Jahren wesentlich besser (sie sei ohne Schadstoffe gewesen) abgeschnitten.

»Jetzt wird es peinlich!«, ruft es von Gentechnikseite. »Jetzt argumentiert man wieder wie bei der Alternativmedizin. Die persönliche Erfahrung soll statistisch gleich viel Wert haben wie langjährige Untersuchungen. Man verhöhnt die Wissenschaft mal wieder. Biofreaks zitieren die Wissenschaft ständig, benutzen sie wie einen Rosinenkuchen, picken ihnen nützliche Fakten heraus.« Unsere Nahrungsmittel, so gibt er dem Journalisten recht, sind heute so sicher, so gut, dass sie durch nichts von Biolebensmitteln unterscheidbar sind. Nur bei gentechnisch veränderten Pflanzen kann man einen signifikanten Unterschied messen.

Er wendet sich an den ständig lächelnden Rapunzelmann: »Sie behaupten, die Natur hat keine Giftstoffe – entschuldigen Sie, die schlimmsten Gifte kommen aus der Natur.« Er wird immer aufgeregter, kämpft gegen Biolächeln und Köchinnenunterbrechungen an: »Es ist unethisch, was Sie den Menschen antun. Sie verschwenden als Biobauern so viel Boden, undenkbar für humanistisch denkende Menschen.«

Frau Maischberger versucht, ein wenig Luft aus der Diskussion zu lassen. Sie fordert auf zum Paprikatest: zwei Teller Paprikastückchen stehen auf dem Tisch, jeder wird aufgefordert, die Biofrucht zu nennen.

Der Genetiker stellt fest, dass der Unterschied sich aus dem Standort ergibt und nicht aus »bio«. Frau Köchin blickt und kaut professionell, umgeht ein Urteil durch Zustimmung, dass der Geschmack von Sonneneinstrahlung, Gegend und Reifegrad abhängt. Der Bioguru lispelt etwas von unschmeckbaren Wirkstoffen und – ausgerechnet er – von unwissenschaftlicher

Methode! Die, die allen besser schmeckt, ist jedenfalls nicht die Biosorte.

Man geht zur Tierhaltung über. Nun ist die Gastwirtin wieder in Fahrt, sie meint, eindeutig ja, man könne es schmecken, sich auf ihre Erfahrung mit etlichen Rind- und Schweinezüchtern berufend. Sie nimmt Biofleisch, weil sie sonst nicht feststellen kann, wie das Tier gehalten wurde, würde aber auch das vom Nichtbionachbarn nehmen, dessen (gute) Tierhaltung sie kennt. Aha, erneute Themenverfehlung: Wie war das jetzt mit grundsätzlichem Biomehrwert?

Eine eingeblendete TV-Umfrage in einer Fußgängerzone, ob man auf Fleisch verzichten würde, bringt ein mehrheitliches »Nein«. Und dann werden zwei neue Diskutanten in der Runde begrüßt: ein Fleischer aus dem Metzgerverband, der täglich Fleisch isst, und ein Arzt und Bodybuildingweltmeister, der vegan lebt, also ohne Fleisch und auch ohne Tierprodukte wie Ei, Milch oder Käse, und das seit acht Jahren.

»Fleisch ist das am besten kontrollierte Lebensmittel nach der Milch«, weiß der Metzger. »Jedes Lebensmittel hat sicher zu sein und voll genusstauglich, egal ob ›bio‹ oder ›konventionell‹, beides kann von höchster Qualität sein.« Sonst würden sich ja nur reichere Menschen gesund ernähren können.

»Wie haben Sie Ihre Muskeln aufgebaut?«, wundert sich Maischberger über den Bodybuilder. Der Veganer meint, die heute verlangte Menge an Protein sei überzogen. Ein Muskeltrainingsfilm wird eingeblendet, die geölten Posen der Muskelmänner auf dem Siegerpodest. Er erzählt, dass er Vitamine zusätzlich nimmt, vor allem B12.

Der Gentechniker darf aufklären: Auch B12 wird mit tierischen Eiweißen stabilisiert, ist übrigens in vielen Softdrinks enthalten.

»Es ist inkonsequent zu glauben, dass man keine Tiere isst, wenn man keine Tiere isst.« Der Hefepilz hat 35 Prozent gleich Gene wie der Mensch, man findet ihn im Weißbier, im Wein. »Ist man deshalb Kannibale?« Es gehe um Evolution, nicht um den Schöpfungsglauben; wir sitzen alle im gleichen Boot, haben viele gleiche Gene auch mit Pflanzen, egal ob Karotten oder Blumenkohl. »Sie können nur Gene essen, die in Tieren und Pflanzen gleichzeitig vorhanden sind.«

»Würden Sie Ihre vegane Diät auch Müttern empfehlen, die stillen?« fragt der Journalist. Die Antwort: »Auf jeden Fall!« Der Journalist zitiert Fälle, in denen vegane Kinder mit schweren Mangelerscheinungen, sogar bis zu Todesfällen, bekannt wurden. Das möchte der Bodybuilder einfach anders formulieren: Nämlich, dass man eben nicht das Richtige aus der veganen Palette gegessen hätte.

Der Biobauer zitiert ganze Völker, die sich vegetarisch und vegan ernährt hätten. »Armutsvegetarismus«, weiß der Journalist, darf aber dazu weiter nichts sagen, wird niedergebrabbelt. Man spricht von individuellen Verträglichkeiten, die ohnehin keiner leugnet. Doch Herr Bodybuilder hat wieder ein Aber: Die ADA (Organisation für Ernährungswissenschaftler) hätte vor 15 Jahren festgestellt, dass vegane Ernährung ausreichend wäre. Es gibt aber auch andere Studien, weiß Frau Maischberger, die genau das Gegenteil sagen, und Kinderärzte, die abraten. Keine Reaktion.

Frau Köchin sieht Menschen als Allesfresser und Mischköstler, meint aber, wir alle äßen zu viel Fleisch, schon vom Umweltschutz her gesehen. Sie fordert Solidarität mit der Weltgemeinschaft, also keine Bodenverschwendung für Tierfutter, zitiert die Tierhaltung, die Klimaveränderungen. Hier stellt der Journalist und Autor die Frage, wo denn dann der natürliche Dünger, die Jauche, herkäme, wenn wir alle auf Fleisch verzichten, woher der erlaubte Dünger im Biolandbau. »Wir haben 20 Milliarden Nutztiere auf der Welt, davon zwei Milliarden Rinder, eines der größten Umweltprobleme!« (Er spielt auf den Methangasausstoß an.) »Bei Umstellung auf Biolandbau müsste man riesige Flächen roden, Wälder abholzen, Sümpfe trockenlegen und einige Milliarden Tiere mehr heranpäppeln, um den Mist zu produzieren, den man für die Biolandwirtschaft braucht.«

»Nein, das ist nicht wahr!«, wiegt sich die Köchin bitter lächelnd in ihrem Sitz. Warum nicht, kann sie nicht argumentieren. Sprachtumult. Auch Herr Biobauer lispelt wieder, dass man viel weniger Rohstoffe brauchen würde, vielleicht auch ohne Dünger auskommen kann, dass heute viel mehr Gülle anfällt, als verwendbar ist. (Womit er in unseren Breiten ja durchaus recht hat – aber Thema war gerade die weltweite Fleischverminderungshypothese, ihm egal.)

Man zeigt einen Ausschnitt aus dem Film »Unser täglich Brot«, in dem Schweine in die Schlachterei gebracht und dort getötet und zerteilt werden. Grauslich. Der Metzger, von Frau Maischberger angesprochen, ob Fleisch für jeden täglich auf der ganzen Welt erstrebenswert wäre, meint, dass man halt nicht so viel wegwerfen sollte, dann könnten schon einmal sehr viel mehr Menschen gut ernährt werden. »Zuerst das Verhungern und dann das Hungern lösen. Das geht nur durch Massentierhaltung.« Den Tieren geht es gut, die Luft ist frisch, meint er, widersprochen von der besserwisserischen Köchin. Er doziert: »Wir dürfen nicht alles schlecht machen in unserer Sattheit. Der Egoismus der Satten ist das Problem.«

»Auf dem Biohof geht es jedenfalls den Tieren meist besser als in konventioneller Landwirtschaft«, zeigt sich der Journalist mit der Restaurantfrau einig. »Aber auch bei vielen konventionellen Bauern, die ihre Tiere mit viel Gewissen halten.«

Eine Frage in die Runde: Ist unser europäischer Fleischkonsum ein Problem für die armen Länder? Ja, meinen Biobauer und Köchin, der Rest scheint für Nein zu sein. »China und Indien konsumieren ja selbst am meisten«, weiß der Journalist. Ziel sei Selbstversorgung der armen Länder, meint der Metzger, bis dahin müssten aber wir Europäer liefern.

XXL-Restaurants, Thema des nächsten Filmausschnitts: Hamburger wie Fußbälle, Schnitzel aus über zwei Kilogramm Fleisch, Pommes bis zum Abwinken. Alle sind entsetzt. No na. Der Veganer wirkt grünlich. Biolandbau verbraucht zu viel Boden, großer Fleischkonsum verschlimmert die Situation, so der Gentechniker.

»Wir fressen die Entwicklungsländer arm«, meint der Biobauer und erwähnt Soja, die Futtermittelimporte. Für ein Kilogramm Fleisch braucht man sechsmal mehr Getreide als für ein Kilogramm Brot, weiß Maischberger.

»Wir können unsere konventionelle Landwirtschaft nicht weltweit ausdehnen«, tönt es lispelnd aus dem Stimmengewirr. »Stickstoff!«, wird geklagt.

»Alle, die hier Gentechnik verhindern wollen, sind auf der ganzen Welt mitverantwortlich für den Hunger«, wird der Gentechniker grimmig. »Ihr jubelt ›bio‹ als Religion hoch und habt gleichzeitig den Import von Gentechnik verhindert.« Durch die vielen Restriktionen sei Gentechnik für Entwicklungsländer viel zu teuer, die können keine eigenen Sorten produzieren, wurden dadurch »... in die Schlunde der großen Firmen getragen«.

Würde das Bioprinzip, ausgedehnt auf die ganze Welt, das Hungerproblem verschlimmern? »Es wäre eine riesige Katastrophe!«, so der Gentechniker. Der Journalist ortet das Problem vor allem in heute noch armen Ländern wie Afrika, die sich dieses Saatgut nicht leisten können. Und in dem Biosprit-Irrsinn. »Man zerstört die Umwelt, die Regenwälder, um das Klima angeblich in 120 Jahren zu retten.« Auch die Politik, die sich bereichernden Regierungen sind das Problem.

Herr Rapunzel hält es natürlich mit der Biolandwirtschaft, die als einzige imstande sei, die Menschheit nachhaltig und auf die Dauer ausreichend zu ernähren. Die Köchin sieht den Hunger als Verteilerproblem, es sei genug Nahrung da. »Es hängt alles viel mehr zusammen.« Gentechnik sei keine Rettung, weiß sie – im Gegensatz zu vielen Tausenden Wissenschaftlern. Und weiter mit Worthülsen: Gentechnisch veränderte Mikroorganismen hätten keinen Nutzen für die Dritte Welt. Gentechnik treibe sie in die Abhängigkeit, sie zerstöre alte Sorten, verursache ein Aussterben der Biodiversität. Man wüsste zu wenig, weil es keine langfristigen, ganz neutralen Studien gäbe. Gentechnik sei viel zu gefährlich.

»Gentechnik ist nicht so was wie Frankenstein!«, versucht der Journalist zu erklären. »Früher hat man die Mutationen von Pflanzen blind versucht. Jetzt macht man sie mit dem Skalpell und gezielt.«

»Früher hat sich Fisch nicht mit Getreidesorte gepaart«, schneidet Frau Köchin hinein – und hat offenbar nichts von Genen verstanden. Auch nicht, dass der Mensch 30 Prozent seiner Gene mit der Banane teilt.

»Wir haben seit 20 Jahren 200 Millionen Amerikaner, die Genfood essen. Das ist kein Beweis?« Der Journalist versucht es wieder mit Logik. Kein Pickel, kein roter Popo sei verursacht worden. »Bisher geht es um Glaubensfragen, weil man nichts produzieren darf, nichts beweisen darf!«

»Noch nie sind die Menschen so alt geworden wie jetzt! Und noch nie sind wir alle angeblich so ungesund wie jetzt?«, scherzt der Metzger. Doch die Diskussion wird schwammiger und schwammiger. Der Biobauer führt bereits den Ursprung von agrarischer Gentechnik auf den »Agent Orange« zurück, versichert, dass Gentechnik zu erhöhtem Chemieaufwand führt, nämlich zu viermal mehr (wo immer er diese Zahl her hat), weil die Pflanzen gegen Schädlinge resistent werden, gegen alle anderen außer die von Multis verkauften Herbizide. »Gentechnik nützt nur Multis.«

Was wird sich in 50 Jahren durchsetzen? Man will versöhnlich sein, tauscht Kochbücher aus, und Frau Maischberger fordert zur Toleranz anderer Meinungen auf. Dass die vielleicht absolut blödsinnig und hanebüchen sind, bleibt unerwähnt und wäre eine weitere Diskussion zum Thema Toleranz wert.

Wie schaut es jetzt nun aus mit der Bioqualität, dem Bionutzen? Wer hat »gewonnen«?

Es ist alles Geschmackssache, sagte der Affe und biss in die Seife

Wie wir auch in dieser Fernsehdiskussion bestätigt bekamen, sogar von den Biofanatikern, wird der Geschmack durch Bioaufzucht nicht beeinflusst. In Blindtests konnten bisher keine Geruchs-, Geschmacks- oder Konsistenzvorteile festgestellt werden. Bei Umfragen allerdings wird immer wieder behauptet, dass Bio besser schmecke, natürlicher, intensiver, gerne wird die Floskel »wie früher, als ich Kind war« bemüht. Immer wieder werden »Tests« zitiert, bei denen es den Probanden ganz besonders gut geschmeckt hätte. Und immer wieder werden Aktionen erfunden, »Events« wie Biokochaktionen, oder es werden Bioaktionen an Schulen, in Kindergärten organisiert, die diese Behauptungen durch ständige Wiederholung unwissenschaftlicher Tests wahr machen.

Woher kommt denn der Geschmack nun wirklich? Von der Sorte, vom Boden und vom Reifegrad. Hier könnten die Kindheitserinnerungsschwärmer sinnvoll einhaken: Sie haben recht, viele Sorten, die einst angebaut wurden, gibt es nicht mehr. Sie fanden bei der zunehmenden Optimierung von Ertrag keine Gnade, wuchsen oder reiften vielleicht zu langsam, waren schädlingsanfälliger oder einfach mühsamer zu ernten.

Da hat der Biolandbau Wichtiges geleistet. Er bot dereinst dem Verbraucher einen neuen Qualitätsbegriff, der sich nicht an Quantität und Preiskampf orientiert. Wobei die ersten Bioläden ja vor allem Schrumpeliges und Fleckiges anboten, dazu aber das Bewusstsein von »gesünderem«, klügerem Außenseitertum, das sich der Konsumgesellschaft mit Barttracht und Parka entgegenstemmt. Aber man wurde auch allgemein misstrauisch gegenüber der Landwirtschaft, die gerade in den 1960er- und 1970er-Jahren von allem möglichst viel, möglichst groß und möglichst schön ernten wollte – das waren die »Industriebauern«. Geschmack und Geruch waren zweitrangig, Geruch wurde (und wird auch heute noch) zur Not drübergesprüht, über halbreife Erdbeeren zum Beispiel.

Der konventionelle, sorgsame Bauer wünschte sich möglichst wenig Ernteausfall bei guter Geschmacksqualität und bekömmlichen Nährstoffinhalten. Doch man war (noch) nicht bereit, für bessere Produkte mehr zu zahlen. Außer man war Körndlfanatiker, der in kleinen Läden großes Geld hinlegte, um seinen individuellen Mehrwertgeschmack zu befriedigen. Oder man kaufte auf noch selten gesäten Bauernmärkten frische Ware ein. Als jedoch »bio« zum Heilsbringer stilisiert wurde, fanden viele Bauern damit die Möglichkeit, unter diesem Schutz und Schirm endlich etwas gerechtere Preise für ihre mühevolle Arbeit kassieren zu können. Dass dabei zusätzliche Mühen, die eigentlich völlig sinnlos sind, verlangt wurden, wird in Kauf genommen.

Dass Konsumenten zunehmend die Quälität (war ein Schreibfehler, passt aber wunderbar) von geschmacklosen Schönprodukten beklagten, war eine durchaus erfreuliche, allerdings zähe Entwicklung zum mündigen Käufer – die noch lange nicht beendet ist, da leider noch immer viel zu viele Leute im Januar Erdbeeren kaufen.

Das kann sich die Biobewegung auf die Fahne schreiben. Den Bioanbau als Geschmacksretter zu sehen war und ist jedoch ein Irrtum: Der Geschmack hängt nicht, wirklich nicht, vom Biobrimborium ab. Niemand kann einen Bioapfel mit seinen »feinstofflichen Energien« von einem konventionellen Apfel unterscheiden oder eine Bio- von einer Plantagenhimbeere. Dazu – es kann nicht oft genug gesagt werden – gibt es unzählige Tests und Untersuchungen, die niemals biovorteilhaft ausgegangen sind.

Wer sich selbst davon überzeugen will, die umfassendste aktuelle Studie ist: Comparison of composition (nutrients and other substances) of organically and conventionally produced foodstuffs: a systematic review of the available literature Report for the Food Standards Agency

- Nutrition and Public Health Intervention Research Unit
- London School of Hygiene & Tropical Medicine

Die gute? alte Zeit

Was zählt im Geschmacksrennen, sind, wie erwähnt, das Wetter, der Boden, der richtige Erntezeitpunkt – und vor allem die Sorte! Wobei auch hier gerne nostalgische Wundervorstellungen auf eine völlig falsche Fährte führen: Viele der heute als ausgestorbene alte Sorten beklagten Obst- und Gemüsepflanzen gibt es deshalb nicht mehr, weil sie oft sehr klein waren, schnell faulten, ständig voller Würmer waren oder besonders anfällig für alle möglichen Verpestungen durch Bakterien, Viren oder Insekten. Und weil sie teilweise auch gar nicht gut schmeckten: Man züchtete (übrigens ist das eigentlich dasselbe wie Gentechnik, aber dazu später) deshalb wohlschmeckende Sorten, die *auch* erntefreundlich waren. Und später leider auch Sorten, die *nur* noch erntefreundlich waren. Man züchtete Pflanzen, die sich der vorhandenen Bodenbeschaffenheit und dem Klima anpassen konnten, wie Brotgetreide für trockene und andere Körner für feuchte Gebiete. Wobei eben manche nicht so gut schmecken wie andere, aber vielleicht vor dem Verhungern bewahren.

Leider nahm man zunehmend auch recht wenig Rücksicht auf vorhandene Ressourcen, vor allem Wasser. Die Hauptsache waren billige Arbeiter und billiges Land: Man baute und baut oft besonders durstige Pflanzen in Gegenden an, in denen ohnehin nicht genug Wasser vorhanden ist, in denen durch extreme Ausbeutung der Grundwasserspiegel ständig sinkt (Bananenplantagen auf Teneriffa) und wo durch ungeschickte, verschwenderische Bewässerung aus zu wenigen Quellen der Boden versalzt und die Brunnen vertrocknen (Oasen in Marokko). Das ist allerdings wieder eine andere Geschichte.

Bleiben wir beim Geschmack. Dass Vielfalt Freude macht und neuartige Geschmackserlebnisse bietet, wird niemand leugnen. Dass die Biobewegung hier wirklich Pionierleistung erbracht hat und das bewusste Schmecken und Riechen fördert, dafür ist ihr gar nicht genug zu danken.

Aber – und nochmals – der Geschmack hängt von den Sorten ab! Und die Inhaltsstoffe von den Chemikalien, die die Pflanze im Boden und in der Luft findet. Ob sie biogedüngt sind oder nicht, kann kein Konsument, kein Chemiker, kein Ernährungswissenschaftler objektiv feststellen.

Bio macht die Sache spannend

Interview mit Dipl.-Ing. Dr. Lothar Wurm

Dipl.-Ing. Dr. Lothar Wurm hat auf der Hochschule für Bodenkultur Landwirtschaft studiert und arbeitete 14 Jahre im Bundesamt für Wein- und Obstbau in Klosterneuburg. Heute ist er Institutsleiter Obstbau/Obstverarbeitung und Leiter der Abteilung Obstbau, und er ist Lehrer für Obstbau an der dortigen höheren Bundeslehranstalt für Wein- und Obstbau. Außerdem ist er begeisterter Vater von fünf Kindern.

»Ich bin im Speziellen für den Anbau von Obst zuständig. Wir sammeln hier an die 1000 Sorten, Obstarten, die in Mitteleuropa kultivierbar sind. Das ist auch eine unserer Aufgaben, dass wir die Genetik von Sorten bewahren, die derzeit nicht von wirtschaftlichem Interesse sind.

Zu meinen Tätigkeiten zählen auch Versuche zum Thema ›biologischer Landbau‹: Welche Obstsorten verhalten sich wie unter welchen Bedingungen, welche Qualitäten bringen sie. Meistens werden Obstbäume ja veredelt, da gibt's eine Fülle von verschiedenen Pflanzen, Unterlagen genannt, die kann man mit den verschiedenen Sorten kombiniert testen. Dann gibt es die verschiedenen Einflüsse dieser Unterlagen auf die Qualität, auf den Ertragsverlauf, auf die Ertragssicherheit der Edelsorte. Das machen wir beim Apfel, bei Kern-, Stein- und Beerenobst. Auch bei seltenen Obstarten.

Unsere Tests müssen grundsätzlich vom österreichischen Lebensministerium genehmigt werden, dann wird überprüft, ob diese Untersuchung relevant ist für das Thema, das man untersuchen will. Ich habe Kontakt zu den Bioberatern über die Landwirtschaftskammern, die wieder Kontakt zu den Bioverbänden haben. Das ist ja ein überschaubarer Bereich, weil innerhalb der Landwirtschaft die Obstproduzenten zwar wirtschaftlich durchaus bedeutend, aber von der Fläche her ein kleinerer Bereich sind. Als Beispiel: Es gibt in Österreich etwas über 12.000 Hektar Obstbau, und davon sind mittlerweile zehn Prozent biologisch.

Wir setzen uns zusammen und überlegen, was sind so die Probleme in der Praxis und versuchstechnisch. Wobei man jede Kultur für sich betrachten muss. In jeder Obstkultur gibt es ganz unterschiedliche Voraussetzungen, ob biologischer Anbau erfolgversprechend sein kann oder nicht. Außerdem ist es sehr stark davon abhängig, ob man für den Frischmarkt produziert oder für Verarbeitungszwecke. Für den Frischmarkt dürfen keine Schalenfehler auftreten. Vorbei die Zeit, als man Bioobst daran erkannte, dass es schorfig war oder fleckig. Heute muss Obst schön ausschauen, egal ob Bio oder nicht, der Konsument akzeptiert anderes Obst nicht mehr.«

Was kann der Biobauer gegen Schimmel tun?

»Grob aus unserer Erfahrung geschildert, je nach Sorte und Jahr, ist der Anteil an vermarktungsfähigen Äpfeln – um bei der wichtigsten Kulturart zu bleiben – an für den Frischmarkt geeigneten Früchten, gemessen am Ernteertrag, im Bereich von 50 Prozent bei biologischer Produktion, bei integrierter Produktion bei 80 Prozent bis 100 Prozent. Je nach Professionalität des Obstbauern. Von diesen 50 Prozent muss man dann wieder einen Prozentsatz abziehen, denn das ist die nächste Schwierigkeit für den Biobereich: Da die Lagerfähigkeit nicht so wie bei ›konventionell‹ gewährleistet ist, sind die Lagerkrankheiten bei bestimmten Sorten ein großes Problem. Diverse Pilzarten, die dann die Frucht befallen, ein fauliger Apfel, das wird natürlich nicht akzeptiert. Faulstellen sind nicht gesund und auch nicht erstrebenswert, das führt bei ›bio‹ zu starken Ausfällen. Ab etwa Neujahrsbeginn. Bis Dezember kann man die Bioware noch ganz gut lagern, ab Januar, Februar wird es kritisch, da kann es bei empfindlichen

Sorten massive Ausfälle geben. Wenn man nicht rechtzeitig reagiert und die Früchte vermarktet, ist der Ausfall 100 Prozent. Da kriegt jeder Apfel, das fängt klein an, eine Faulstelle, und mit der Zeit vernichtet er den ganzen Restbestand.

Das ist mit freiem Auge zu beobachten: Frischobst sind lebende Zellen. Äpfel atmen ja auch. Wie wir Menschen atmen die Früchte Sauerstoff ein und CO_2 aus. Dabei entsteht auch Wärme. Es ist also ein lebendes Produkt. Wenn man äußerlich erkennt, es gibt keine Braunfärbung, keinen Schimmel, keinen offensichtlichen Pilzbefall, dann ist das bei den lebenden Produkten auch sicher wirklich ein gesunder Apfel.

Bei Verarbeitungsprodukten ist das anders. Da sehe ich nicht, wie die Frucht ausgeschaut hat, wie sie verarbeitet wurde und ob sauber gearbeitet wurde. Besonders bei Trockenfrüchten oder Nüssen, die ja auch zu den Früchten gehören, merkt man das oberflächlich nicht. Da müsste man auf den Mykotoxingehalt untersuchen. Das ist ein Problem der Trocknung und Lagerung, und das trifft auf den heimischen Biomarkt nicht zu.

In die Richtung Bio-Frischfrüchtelagerung wird derzeit stark geforscht, um das in den Griff zu bekommen. Konventionell macht man das mit den Abschlussbehandlungen, es werden noch vor der Ernte Fungizide aufgebracht, die eine recht gute Wirkung gegen diese Lagerkrankheiten haben. Beim Bioanbau habe ich diese Möglichkeit nicht.

Aber das sind eben die Probleme des Frischmarkts: Bei frischem Obst wollen Sie ja über einen längeren Zeitraum hinweg vermarkten, Sie können nicht alles im Herbst schon verkaufen, da bricht der Markt zusammen. In der Verarbeitung hingegen lagert man ja die Früchte nicht monatelang vorher, sondern verarbeitet sie bei uns sofort, und wenn zum Beispiel die Trocknung ordentlich passiert, dann gibt es auch keine Schimmelgefahr.«

Machen organisch-synthetische Pflanzenschutzmittel Obst schlechter genießbar?

»Zum Thema Lebensmittelsicherheit: Wenn man richtlinienkonform produziert, dann müsste Bioobst frei von organisch-synthetischen Pflanzenschutzmitteln sein. Das wird auch überprüft. Davon kann der Konsument ausgehen. Abgesehen von Ausreißern, die es überall geben kann. Das Kontrollsystem ist jedenfalls meines Wissens bei uns relativ genau.

Die andere Frage, was Pflanzenschutzmittelrückstände betrifft, ist eher, was man an Gesundheitswerten mit »bio« überhaupt noch gewinnen kann: Obst wird ohnehin kontrolliert, auch das mit synthetischen Pflanzenschutzmitteln behandelte, ob die gesundheitlich relevante Grenze nicht überschritten wird. Dazu gibt es Entwicklungen beim Handel, wo man versucht, auch Rückstandsfreiheit für nicht biologisches Obst zu fordern. Aber das ist die Quadratur des Kreises. Ich finde es unrealistisch, weil die Forschung und die Labortechnik immer besser werden und man bereits fast homöopathische Dosen, Moleküle feststellen kann. Die Nachweisgrenze ist bereits weit unter der Grenze, die irgendwo gesundheitlich relevant sein könnte. Da sollte man sich lieber überlegen, ob der hohe Aufwand gerechtfertigt ist. Ob nicht eine zu große Angst gegenüber einem durchaus abschätzbaren Risiko besteht.«

Ist Angst vor dem Restrisiko gerechtfertigt?

»Rein von der Definition her ist die Risikogrenze so gewählt, mit einem Sicherheitsfaktor, was Rückstände betrifft, dass kein Effekt da sein kann. Natürlich gibt es Gegenargumente, wie sie von verschiedenen Gruppierungen kommen, dass man sagt, na ja, das Ganze kann man ja nicht wirklich am Menschen testen. So wie überall wird an Säugetieren getestet, und die Frage ist: Ist das wirklich so auf den Menschen übertragbar? Ein anderes Argument, das man immer wieder hört: Es gibt mehrere Wirkstoffe, die eine additive Wirkung haben könnten, ob man deshalb nicht die einzelnen Wirkstoffe zusammenzählen muss und von den addierten Werten ausgehen sollte. Die Schwierigkeit dabei ist: Wir bewegen uns in einem Bereich, wo wir von Nullwirkung sprechen. Wenn ich die, also Null, addiere, ist nicht zu erwarten, dass irgendeine Wirkung herauskommt. Das sind einfach Gedankenspielereien.

Rein wissenschaftlich gesehen fühle ich mich auch bei konventionellen Lebensmitteln schon auf der sicheren Seite. Die Angst ist mit keiner wissenschaftlichen Studie begründbar. Das ist das Problem dabei. Aber die Auswirkungen derzeit auf den Obst- und Gemüseanbau sind enorm, weil der Handel auf diese bestehende Angst reagiert. Denn die Angst davor, dass es diese Wirkungen geben könnte, die ist beim Konsumenten vorhanden. Und da sagen dann die Supermärkte, wir wollen rückstandsfreies Obst – oder von den gesetzlichen Rückständen nur noch die Hälfte. Aber die gesetzlichen sind ja schon solche mit einem Sicherheitsfaktor, der null Wirkung ergibt! Natürlich, wenn ich ein Vertreter der Handelskette bin, sage ich auch, am liebsten wäre mir null. Dabei ändert sich das auch jedes Jahr, weil, wie erwähnt, die Messmethoden verbessert werden, und irgendwann findet man jedes Molekül.«

Wie ist das mit Antibiotika und Resistenzen?

»Ein echtes Problem ist der Feuerbrand. Der kann den ganzen Kernobstbaum vernichten. Nach der gesetzlichen Regelung ist im Biobereich eine Behandlung mit einem Antibiotikum verboten. Im integrierten Obstbau gibt es ganz strenge Auflagen, das wird auch nur von ganz wenigen Prozenten der Apfelbauern genutzt, da kann – nur zur Blütezeit – ein Antibiotikum eingesetzt werden, wenn Infektionsbedingungen vorhanden sind, wenn es länger in die Blüte hineinregnet, wenn es feucht und warm ist. Feuerbrand ruiniert aber nicht nur die Ernte, sondern kann den gesamten Obstbestand vernichten, was ein ziemlicher Schaden ist, weil eine Dauerkultur schon 20 Jahre genutzt werden soll.

Der Bioproduzent hat die Möglichkeit nicht, der muss dieses Risiko tragen. Er muss darauf schauen, dass er den Feuerbrand möglichst nicht in die Anlage bekommt. Wenn er ihn hat, kann er, wie alle anderen auch, versuchen, ihn durch rechtzeitige Schnittmaßnahmen in den Griff zu bekommen, das kann schon funktionieren. Und dann gibt es noch Antagonistenpräparate auf Hefebasis, die den Feuerbrand verdrängen sollen. Über die Wirkung gehen die Meinungen übrigens auseinander, denn in der Natur ist es nicht immer so eindeutig. Es gibt einen Sorten-, einen Standort- und einen Jahreseinfluss, das ist nicht so wie im Labor. Es passiert, dass ich im Labor etwas sehr schön zeigen kann, was aber in der Praxis dann nicht so funktioniert.

Beim Antibiotikum habe ich zwar keine hundertprozentige, aber doch eine relativ sichere Wirkung. Rückstände in den Früchten gibt es praktisch nicht, das wäre also für den Konsumenten nicht so relevant, wie das von den Antibiotikagegnern dargestellt wird. Man hat Angst vor der Ausbildung von Resistenzen, wenn Antibiotika großflächig eingesetzt werden, was dazu führen könnte, dass es bei Mensch oder Tier nicht mehr wirkt. Doch erstens sind diese Stoffe in den Früchten fast nicht enthalten, und zweitens ist die Art der Anwendung so stark reglementiert, dass es als Notlösung – und das ist ja nur eine Notlösung und nicht als Dauerlösung gedacht, muss jedes Jahr aufs neue zugelassen werden – problemadäquat ist.«

Hat Bioobst Geschmacksvorteile?

»Zum Thema Geschmack haben wir und viele andere Institute einiges untersucht und immer wieder eindeutige Sortenunterschiede gesehen. Einige sind sehr aromatisch, andere eher fad im Geschmack, dann gibt es jedes Jahr den Witterungseinfluss, wie man das auch vom Wein kennt. Wein ist von der Pflanze her ja genauso Obst. Wenn man ein bisschen in ein Glas Wein hineinschnuppert, dann weiß man schon, welche Jahre besonders günstig waren, welche weniger, und da reagieren die Obstpflanzen genauso.

Dann ist es auch ganz entscheidend, wie viele Früchte trägt ein Baum. Dazu gibt es Richtlinien, wie man den Obstbehang optimal einstellt. Auch im Bioanbau ist es ja nicht einfach so, dass ich sagen kann, geringere Erträge, höhere Qualität. Das kann der Fall sein, muss aber nicht. Wenn ich die gesamte Ernte hernehme, den Hektarertrag im Bioanbau, dann wird man tendenziell schon etwas niedrigere Erträge haben. Aber das ist nicht der entscheidende Unterschied. Der ergibt sich, weil ich am Frischmarkt wegen der Schalenfehler viel weniger verkaufen kann – der Baum hat aber trotzdem nicht viel weniger Früchte ernähren müssen. Daher sind in den Untersuchungen fast nie Unterschiede zwischen Bio- und konventionellem Landbau aufgetreten. In den Inhaltsstoffen, in den Geschmacksverkostungen, da ist das auch von Spezialisten nicht unterscheidbar: Wenn man Obststücke vorgesetzt bekommt von Früchten derselbe Sorte, mit demselben Standort, im selben Jahr gewachsen, nach demselben Erziehungssystem, auf denselben Unterlagen, die einen biologisch, die anderen integriert, zum gleichen Reifestadium geerntet, wenn man alle diese Parameter gleich lässt, dann wird das niemand unterscheiden können.

Und das wird gerne vermengt. Es müssen eben alle Faktoren gleich sein. Aber es gibt in der Natur so viele Einflussfaktoren! Es gibt schon ein paar davon, die die Geschmacksausprägung im Bioanbau fördern können. Ein Beispiel ist, dass mineralische Stickstoffdünger nicht erlaubt sind, und es ist ein bekanntes Phänomen von Stickstoffmangel, dass Früchte besser ausfärben und festere, haltbarere Früchte wachsen. Das ist eine Mangelerscheinung, die man zwar nicht anstrebt im Bioanbau. Aber dort werde ich das häufiger erleben als beim integrierten Anbau, was für das Geschmacksbild positiv ist. Aber auch dieser Einfluss ist nicht so stark wie eine Beeinflussung durch die Sorte. Wenn ich eine geschmackvolle Sorte nehme, wie den Topaz, und den mit einer nicht so geschmackvollen Sorte vergleiche, wie dem Idared, dann wird der Topaz besser abschneiden, egal ob integriert oder bio. Wenn ich diese Faktoren kenne, dann könnte ich das ganz leicht in Verkostungen so hintrimmen, dass die eine oder die andere Verkostung besser abschneidet. Das muss man im Versuch unparteiisch machen.«

Warum dann »bio«?

»Das sind dann eben diese Entscheidungen im Bioanbau, keine Gentechnik, keine organisch-synthetischen Pestizide, keine Antibiotika. Von meiner Einstellung her schätze ich die Bioproduktion vor allem für den Produzenten, weil sie eine Herausforderung darstellt: Man braucht ein hohes Fachwissen, um erfolgreich sein zu können. Es gibt immer ein Restrisiko, das ich nicht ausschließen kann, selbst wenn ich ein Tüftler bin und ein Pedant. Es macht die Sache sehr spannend.

Meine eigene Situation: Ich habe fünf Kinder, das jüngste ist erst fünf, und da ist es schon finanziell nicht möglich, zu den teuren Bioprodukten zu greifen. Ein Aspekt, warum ich persönlich Bioprodukte nicht bewusst aussuche, ist, dass ich keine gesundheitlichen Probleme sehe.«

Was bringt das dem Konsumenten, wenn er Biofrüchte kauft?

»Er unterstützt Produzenten, die schwierigere Bedingungen haben, die ein höheres Risiko haben – wobei viele dieses Risiko in Kauf nehmen, weil sie höhere Preise erzielen. Wenn jemand Angst vor Pflanzenschutzmittelrückständen hat, was meiner Ansicht nach unbegründet ist, dann ist er mit Bioobst besser bedient. Wenn jemand glaubt, dass er damit geschmackvollere, gesundheitlich wertvollere Früchte zu sich nimmt, bin ich davon nicht überzeugt. Ich glaube nicht, dass das von ›bio‹ abhängt.«

Verzweifelt versuchte »Gottesbeweise«

So weit ein Fachmann. Weil man das aber nicht akzeptieren will (und kann, wo bliebe denn dann der Biovorteil?) und halt doch gerne endlich wissenschaftliche Beweise für die Bioreligion finden würde, greift man zu »bildschaffenden Methoden«, die die »innere Qualität«, das »charaktervoll Atypische«, mit »filigranen Bildern sichtbar machen soll«. Da gibt es die Rundbildchromografie nach Pfeiffer, einem Schüler Steiners, »Selbstzersetzungstests« und »Biophotonenmessungen« (je länger die Bezeichnungen, desto überzeugender sollen sie wohl wirken), als wissenschaftliche Methoden bezeichnet, aber von keinem anerkannten Wissenschaftler ernst genommen. Sie sollen unterschiedliche energetische Strahlung beweisen – was immer das ist. Doch bisher – sogar unter allen diesen esoterischen Voraussetzungen – vergeblich, wie die Schweizer Biofachleute vom schon erwähnten Schweizer FIBL zugeben müssten. Tun sie nicht, weisen lieber und immer wieder auf noch laufende Studien hin, die es angeblich bald beweisen werden.

Auch die Kinesiologie wird gerne herangezogen, um die »inneren Werte« von Bioprodukten zu beweisen. Sie beruht auf dem Glauben, »dass sich gesundheitliche Störungen als Schwäche bestimmter zugeordneter Muskelgruppen manifestieren«. In Wahrheit basieren sie auf vereinfachenden und teils grob falschen Vorstellungen über Anatomie und Physiologie des Gehirns, aber das hemmt keinen Kinesiologen (darunter auch viele Ärzte), diese Methode anzuwenden. Dafür wird der Muskeltest durchgeführt, eine Art »Biofeedbacksystem«, bei dem der Muskelwiderstand eines ausgestreckten Arms vom Diagnostiker erfühlt wird: Tut mir was gut, weiß das mein Körper (wenn ich es berühre oder nur hinschaue), dann bin ich stark; andernfalls leiste ich gegen Druck keinen Widerstand. Ergreife ich also mit der anderen Hand eine Biobanane, ist mein Widerstand groß, bei einer »bösen Banane« geringer. Oder so. Auch hier liegt das Resultat im Auge des Betrachters, auch hier gibt es keine Wiederholbarkeiten oder messbaren Kriterien.

Engerl und Bengerl: Pflanzeninhaltsstoffe

Ein weiteres Argument für den Konsum von Biolebensmitteln sind die sekundären Pflanzeninhaltsstoffe, die man erst in den letzten Jahren intensiver zu erforschen beginnt. Man konnte nachweisen, dass davon mehr in den Bioprodukten zu finden sind – und schon sind sie die Heilsbringer. Eine falsche Behauptung, was auch die Bioforscher feststellen mussten (aber dann lieber nicht erwähnten). Sekundäre Pflanzeninhaltsstoffe sind nämlich nicht alle nützlich – oder auch nur harmlos: Sie können ausgesprochen giftig sein.

Dass mit mehr dieser Stoffe daher auch die Dosis toxischer Inhaltsstoffe, die mit der Nahrung vom Konsumenten aufgenommen werden, wesentlich höher ist (meist sogar übrigens höher als die Pflanzenschutzmittelrückstände vom konventionellem Landbau), ist nicht nur logisch, sondern auch beweisbar. Ganz abgesehen davon, dass bei der Biomethode die Pflanzen oft selbst Gegengifte entwickeln, um Feldschädlinge abzuschrecken, da sie nicht durch Pflanzenschutzmittel geschützt werden. Die sind dann zusätzlich in den Biolebensmitteln zu finden – eigentlich auch für Menschen abschreckend, wenn die es nur wüssten oder die Untersuchungsergebnisse akzeptieren würden. So werden bei Rückrufaktionen nach den EU Lebensmittelsicherheitsbestimmungen überproportional viele Bioprodukte genannt, wie Biosesam, Bioleinsamen, gesundheitsgefährdender Bio-Basmati-Reis, Dioxin belastete Bioeier (Spiegel 19/2010) …

Gesundheitliche Warnungen haben übrigens fast nie Pflanzenschutzmittelrückstände als Ursache – doch sie zu vermeiden ist einer der Hauptgründe, warum man »bio« kauft! Häufigste Ursache sind Aflatoxine (vor allem in Nüssen) und Salmonellen: zirka 500 Warnmeldungen pro Jahr.

Wie üblich fürchtet man sich vor den falschen Dingen.

Ein gutes Beispiel ist auch das Quercetin, ein Flavonoid, das nachgewiesenermaßen besonders üppig in Biogemüse und Bioobst vorkommt. Es wird im Internet als krebshemmend und als Antiaging gepriesen und als Mittel gegen so gut wie alles, was im Moment aktuell Angst macht: Es soll das Herz-Kreislauf-System schützen, der Entstehung von Karzinomen und Geschwüren entgegenwirken, allergische Reaktionen verhindern, der Kataraktentwicklung (Grüner Star) vorbeugen, sowie entzündungshemmend und immunsystemstärkend wirken. Und natürlich das Cholesterin regulieren. Aber was soll dann das große Giftzeichen bei der wissenschaftlichen Beschreibung daneben? Immerhin sind bereits 159 Milligramm pro Kilogramm Lebendgewicht tödlich, beim seit Jahrzehnten verteufelten DDT 150 bis 300 Milligramm – Quercetin ist also mindestens genauso schädlich und giftig!

Weitere gepriesene sekundäre Pflanzeninhaltsstoffe sind ein Flavonoid namens Kaempferol, ein Phytoöstrogen, das zwar eine Antitumorwirkung zeigt, aber höher dosiert erbschädigend wirken kann. Es wird gleichfalls in höherer Konzentration in Biotomaten gefunden. Auch Polyphenole, von denen viele in geringer Dosis ebenso positive biologische Eigenschaften besitzen, wie Apigenin, Brenzcatechin, Genistein und Gossypol, sind dennoch als gesundheitsschädliche Stoffe eingestuft – Quercetin ja sogar wie erwähnt als Gift. Es kommt also wieder einmal auf die Dosis an. Pflanzeninhaltsstoffe, die Hoffnungsträger beweisnotständiger Bioargumentierer, können also gesund sein, müssen es aber nicht. Pech.

7. Kapitel

Fleischeslust

Ein tierisches Vergnügen?

Dass es Tiere besser haben im Biouniversum, ist eine Tatsache. Ob sie es auch wirklich gut haben, darüber muss man noch weiter nachdenken, denn viele der gut gemeinten (oft wieder das Gegenteil von gut) Bioauflagen haben sich als völliger Humbug herausgestellt. Wir reden hier nicht von Hühnern, die mit Namen gerufen werden und im Vorgarten Würmer aus der Erde pulen. Oder von Schweinen, die fröhlich grunzend durch vielfältige Landschaft wuseln. Oder von Rindern, die auf weiten Almen dem Jodler des Hirten gehorchen. Die alle haben es gut und schmecken gut (wenn die Rasse stimmt). Und wir alle wünschen uns so eine Szenerie, in der man in den Strahlen der untergehenden Sonne auf der Hausbank sitzt, umtummelt von dankbaren Hühnern, herzigen Schweinderln und warm dampfenden Kühen und sagen kann: Und es war gut.

Wir reden hier von intensiverer Bauernwirtschaft, die sich den Luxus zugekackter Wiesen und weitläufiger, umgewühlter Schweineranchen nicht leisten kann, die keinen Zugang zu Almenwirtschaft und vielen Hektar Weideland hat. Auch das sind Bauern und keine Bösewichte, auch sie wollen – und müssen – zu unserer Ernährung beitragen, möglichst verantwortungsvoll und naturverbunden. Aber sie müssen sich um Effizienz kümmern, tun es Gott sei Dank auch, denn sonst wären wir schon längst verhungert.

Zur Effizienz gehört die ausreichende Fütterung. Gar nicht so einfach, weder bei »bio« noch bei »nicht bio«, auch nicht im »üppigen« Österreich oder Deutschland: Hier sind alle Bauern, sind Schweine und Hühner von Soja abhängig. Denn mit heimischen Leguminosen kann man die Tiere nicht optimal ernähren.

Traurige Bauern und trampelnde Imker

Nachtcafé im TV. Das Thema des Abends »Alles ›bio‹ – alles Schwindel?« reizt mehr zum Widerspruch als zum ernsthaften Fragen. Und so widersprüchlich ist auch die Runde zusammengesetzt, man will ja Diskussionen in Gang bringen. Hie also der Fachjournalist, der sich in vielen Artikeln und Büchern mit dem Thema »bio« möglichst pragmatisch auseinandergesetzt und dafür viele möglichst objektive, vielfältige Fakten zusammengetragen hat – die er auch noch präsent hat. Was ihm aber nicht viel nützt, doch davon später. Hie ein Schweinebauer, der sich dereinst »bio« verschrieben und es nach einigen Jahren wieder aufgegeben hat. Und der Geschäftsführer von dem wahrhaftigen Gottseibeiuns McDonald's.

Dort eine Kosmetikherstellerin, die einen Gegenentwurf zur knallharten, kapitalistischen Welt sucht und nun eine Naturkosmetikmarke produziert, die reißend Absatz findet und viel Geld einbringt. Dort ein Bioimker in Bioheilsuniform (breitkrempiger Hut, originell mit Biene verziert, weißes Leinen, archaische Kette), der sich aktiv an der von ihm und Freunden erfundenen »Feldbefreiung« beteiligt, das heißt, den Bauern die Genmaispflanzen zertrampelt. Auf der »guten Seite« sitzt außerdem ein wichtiger Biokontrolleur mit präzise rasiertem Oberlippenbärtchen (»Es gibt für den Boden nichts Besseres als ›bio‹«), Herr einer privaten Biozertifikatsfirma mit über 200 Mitarbeitern, die weltweit in 70 (!) Ländern Kontrollen durchführen. Offenbar extrem emsig, bei diesem Pensum! Und eine einst krebskranke

Dame, in einer Pfarrei tätig, die ihre Spontanheilung der Umstellung ihrer Ernährung auf Biokost zuschreibt.

Nachdem die Kosmetikdame blumenreich von ihrer Heilserfahrung mit der Pflanze Aloe Vera erzählt hat, deren frisches Mark ihre Aknehaut völlig geheilt hatte und die deshalb nicht etwa frisches Aloe-Vera-Mark verkauft, sondern Aloe-Vera-Cremes (offenbar weiß sie mehr als jeder Chemiker, nämlich genau, welche primären und sekundären Inhaltsstoffe wirklich wie wirken), darf auch der junge Exbiobauer seine Geschichte erzählen: Weil auch er gegen die Industrialisierung, gegen dieses ewige »noch größer« und »noch schneller« kämpfen wollte, hatte er seine Schweinezucht auf »bio« umgestellt. Weg mit dem unnatürlichen Spaltboden, durch den die Fäkalien fallen und der die Schweine sauber hält, her mit dem traditionellen Strohstreu. Ernährung nur noch mit gentechnikfreiem, biologisch gewachsenem »Körndl«. Das Ergebnis war grausam. Die (natürlichen) Giftstoffe im ungespritzten, allerdings von (natürlichen) Pilzen befallenen Biokorn ließen die Muttersau viel weniger Milch geben. Die Ferkel drängten sich derart um die wenigen milchigen Zitzen, dass sie sich gegenseitig an den Wangen verletzten, die ihnen dann sogar abfaulten. Die Hilferufe bei den Beratern von »Naturland« wurden mit dem Rat, den Ferkeln die Zähne abzuschleifen, beantwortet. »Das ist ja ein Herumdoktern an den Symptomen, nicht ein Beheben der Ursache!« Ein Viertel der Ferkel starb in der ersten Woche, schließlich 40 Prozent der gesamten Zucht. Durch die Fäkalienverschmutzung im Stroh hatten die Schweine Würmer, die Leber war durchlöchert und nicht verwertbar. Pilze und Milben im Biostreu taten ihr Übriges: Im Fleisch wurden Giftrückstände festgestellt.

Auf die Zwischenfrage des Moderators, ob das vielleicht nur seines, ein Einzelproblem war, konnte er von vielen Kollegen erzählen, denen es ebenso ergangen war. Nur hatte keiner etwas gesagt, weil man sich nicht dem Hohn der konventionellen Bauern aussetzen wollte, dem man schon einmal ausgesetzt war, nämlich, als man sich entschloss, Biobauer zu werden.

»Als meine Frau eines Tages weinend aus dem Stall kam, hatte ich genug.« Der Tierarzt hatte ihm dann mit den Ergebnissen der Untersuchungen von Milch und Korn, Fleisch und Blut den Weg gezeigt. Er stellte wieder auf normale Zucht um, seine Schweine wirken glücklich und vermehren sich fröhlich, er braucht nur noch ein Drittel der in der Biozeit nötigen Antibiotika. Seine Entgegnung auf die (zu erwartende) Beschuldigung des Bienenmannes, Bauern würden wie wild Antibiotika verfüttern, wird natürlich nicht gehört. Eine krasse Lüge, weiß der Schweinevater: strengstens kontrolliert, man bekäme diese in der Größenordnung gar nicht ohne sofortige erklärende Ausweisungspflicht, was man damit machen möchte.

Auf die Frage, ob er heute noch Bioprodukte esse: »Die Physiologie und die Anatomie von Schweinen und von Menschen ist sehr ähnlich. Ich esse kein ›bio‹ mehr, weil ich weiß, was das bei den Schweinen angerichtet hat.«

»Womit füttern Sie Ihre Schweine jetzt?«, wird er gefragt. »Ausschließlich mit Gen-Sojaschrot« antwortet er der kurz sprachlosen Biofront.

Noch ein gern verwendetes Argument für »bio« wird erwähnt: Die sekundären Pflanzenstoffe, von denen man noch wenig wüsste und die bei Bioprodukten sehr viel mehr vorhanden wären, da diese sie ohne Herbizide oder Pestizide selbst entwickeln müssten. Dass sie auch schädlich sein könnten, bleibt unbedacht (siehe Kapitel »Engerl und Bengerl«). Hingegen wird wieder mit Antioxydantien argumentiert, die freie Radikale fangen und den Alterungsprozess aufhalten sollen.

»Pro Jahr nimmt der Körper durch Duschen und Eincremen etwa ein Kilogramm chemische Stoffe im Körper auf«, weiß die Kosmetikproduzentin. Dass das bei Biokosmetika auch pflanzliche Giftstoffe sein könnten – wen kümmert's? Jedenfalls nicht die Diskutanten, die auch diesen Einwand übergehen.

Der Biokontrolleur, der, wie er selbst zugibt, von den Betrieben, die er kontrolliert, finanziert wird (»... aber wir kontrollieren so viele, dass wir es uns leisten können, jemandem das Zertifikat zu entziehen«), malt das Schreckgespenst von über Tausenden Toten jährlich durch Pestizide an die Wand – nicht in Europa, wie er schnell einwendet, sondern in Drittländern, wo Menschen, weil sie die Gebrauchsanweisungen nicht lesen könnten, sich am Übermaß vergifteten. Dass es eben das Übermaß sei und dass auch Salz oder Alkohol, im Übermaß genossen, giftig seien, wird weggelächelt. Dass die wirkungsvollsten Gifte die Natur selbst entwickelt, wie der Exbiobauer sehr richtig bemerkt, ist für die selbst ernannten Ökoexperten ebenfalls ignorierenswert. Ebenso der Ausspruch von Bruce Aimes, einem der berühmtesten Toxikologen der Welt, der bewiesen hat, dass man in einem Jahr durch Pestizidrückstände des konservativen Landbaus lediglich so viele krebserregende Stoffe einnimmt, wie in einer Tasse Kaffee enthalten sind.

Der Biobienenguru verweist auf Bienensterben in Deutschland durch Vergiftungen mit Chemikalien. Das Argument, dass das falsch angewendete Mittel waren, ein Unfall, wird ignoriert. »Aber es war Chemie!« und »Zeigen Sie mir einen solchen Unfall im Biolandbau!« sind nicht gerade logische Kontras, weshalb auch schnell auf die fehlenden Kornblumen in den Feldern hingewiesen wird, die Bienen nun angeblich verhungern lassen. Dass Bienen nicht vorwiegend von Kornblumen leben und dass durch dieses »Beikraut« der Ernteertrag wesentlich verschlechtert würde – egal. Man beschwört bunte, blumige Bilder und graue Zukunft.

»Welche Gefahren, was Rückstände betrifft, droht mir, wenn ich vor einem Gemüsestand mit konventionellem, kontrolliertem

Gemüse stehe? Welches Risiko gehe ich ein? Wie erhöhe ich meine Überlebenschancen?« Der Moderator versucht, klar zu quantifizieren.

»Was ich nicht draufgebe, ist nicht drin«, belehrt Herr Biokontrolleur. Der Einwurf des Bauern, es gäbe auch pflanzeneigene Gifte, die sich gerade dann entwickeln, wenn ich nichts draufgebe, dass also sehr wohl auch dann was drin ist – er geht unter.

Das Thema »Gift«, ein Lieblingsthema vom Bienenversteher: »Die chemische Industrie will ja nur ihr Gift verkaufen!« Dass diese böse »Giftindustrie« dazu entwickelt wurde, Lebensmittel gesünder produzieren zu können, dass sie den Menschen mehr Gesundheit und Lebensjahre verschafft hat, als es je zuvor in der Menschheitsgeschichte gab, darauf wird nicht eingegangen, lieber umgeschwenkt. Plötzlich sind nicht Krankheiten und Schädlinge das Problem der Landwirtschaft – nein, es ist die Entlohnung. Bauern werden zu gering entlohnt und müssen deshalb zur Chemiekeule greifen – eine vielleicht nicht ganz falsche, aber nur halbwahre Theorie, denn ob alle Bauern gewillt wären, mühsam Käfer händisch von den Pflanzen zu klauben oder Unkraut einzeln auszureißen, fragt sich. Abgesehen von zum Beispiel Pilzbefall, der mit dem Wetter zu tun hat und ohne »Chemiekeule« überhaupt nicht in den Griff zu kriegen ist.

Nächstes Thema: Kunstdünger. »Die Pflanze kann nicht unterscheiden, ob der Stickstoff aus der Fäkalie oder aus dem Kunstdünger kommt.« Eine wohl oder übel unwidersprochene Behauptung des Bioautors, weshalb man schnell ein anderes Thema wählt. Es geht um Kontrolle. Der Biozertifikatsaussteller behauptet, Biobauern würden viel stärker kontrolliert, andere Bauern so gut wie gar nicht. Leider weiß es der eben erst kontrollierte Schweinebauer besser. Und er weiß, wovon er spricht: »Wie da geprüft worden ist, da war die Biokontrolle von seinerzeit ein

Klacks! Da geht's anders ab, was die Dokumentation betrifft, die Arzneimittelbücher betrifft und die Abgabenbelege. Und, und, und …«

Der Biokontrolleur lächelt und nickt verlegen und meint, da muss er Pech gehabt haben. Beim Biokontrolleur. Weiter geht's. Neues Thema: Ökologie. Der Autor erzählt vom überraschenden Ergebnis, dass Äpfel, im April verzehrt, aus Neuseeland herübergeschifft, ökologisch gnädiger wären als heimische Produkte: Der Schiffstransport würde energiemäßig weniger ausmachen als die 150 Tage Kühlhaus. Auch sonst wären die Endtransporte zu den Läden nicht so schwerwiegend wie aller Energieaufwand davor. Was bekommt er vom Immenmann zur Antwort? »›bio‹ ist ein Lebewesen. Der Apfel hat einen Kern. Den kann man einsetzen, da wächst ein Baum, … darunter werden Feste gefeiert … da stehen Leute dahinter, … die Sozioökologie geht den Bach runter, da gibt's keine Geschichte mehr hinter diesem Apfel, da gibt es kein Gesicht mehr hinter diesem Apfel …«. Konsumenten, so schwurbelt er, müssen ein Gesicht sehen. Wenn sie dem Menschen dann tief in die Augen gucken, dann könnten sie sehen, dass es richtig ist … tja.

Gentechnik, das nächste Reizwort. »Ein Frontalangriff gegen die Menschheit« nennt es der Herr mit Bienenhut und begründet damit sein Feldzertrampeln unter dem Motto: »Gendreck weg«.

Weggewischt wird der Hinweis auf Jahrzehnte, in denen, ohne irgendeine Wirkung nachweisen zu können, ganze Kontinente Genlebensmittel essen. Und dass aber, sehr wohl nachweisbar, jährlich in Deutschland 200 Menschen an verdorbenen – wohlgemerkt ganz »natürlich«, meist mit Salmonellen, durch Pilze oder Kolibakterien verdorbenen – Lebensmitteln sterben. Wieder wird der große Feind Monsanto als Saatguterzeugermonopol ins Treffen geführt. Und die Erwiderung, dass eben gerade dadurch die großen Firmen gewinnen, dass Menschen sich gegen den Fortschritt wehren; dass in Europa hinderliche Gesetze erlassen werden, die einen enormen Geldaufwand bedeuten und damit den kleinen Saatgutfirmen die Existenz unmöglich machen, den Firmen, die vielleicht auch gerne in der Gentechnik forschen und Konkurrenzsaatgut herstellen würden – und damit das Monopol brechen könnten. Das wird überheblich weggekichert.

Weiter geht es. Um Lifestyle, Emotionen, um Spontanheilung als Biokostleistung oder vielleicht doch als Glaubenserfolg. Fazit: Die Biobewegung hat viel Gutes ausgelöst. Und, als Schlusswort des Bioautors: Man sollte das Beste aus beiden Welten nehmen, aus Bio- und konventionell-fortschrittlichem Anbau, und was Gutes daraus machen. Applaus. Und nicht ein kleinstes Schrittchen der Biofront in Richtung Zweifeltoleranz.

Die Ewiggerechten

Hunderttausende Tiere an Seuchen und quälendem Parasitenbefall verendet! Jämmerlich verdurstet! Langsam verhungert! Elendiglich erfroren!

Würde dies über Tiere in landwirtschaftlichen Betrieben berichtet werden, würden die Tierschützer wie wild auf die Barrikaden klettern und der Bauer wegen Tierquälerei angezeigt. Durchaus zu Recht, der Mensch hat unter anderem bei den von ihm »ausgebeuteten« Tieren für eine ausreichende Fütterung, technisch intakte Ställe und Versorgung nach dem aktuellen Kenntnisstand der Veterinärmedizin zu sorgen – ein Geben und Nehmen.

Doch das ist nicht die Natur. Durch Dürre, Krankheiten, bitteren Frost sterben Tiere in der freien Wildbahn. Verenden putzige kleine Tierbabys, werden sogar von ihren Müttern oder Vätern aufgefressen, von Geschwistern totgedrückt.

Tierzucht ist also von sich aus widernatürlich. So wie jede Feldwirtschaft, die als Monokultur andere Pflanzen verdrängt, werden Tiere gehalten, damit sie sich optimal vermehren und wohlschmeckendes, parasiten- und krankheitsfreies Fleisch liefern, Leder, Wolle, Milch. Und Blut, wie bei den Massais. Wobei die Tierhaltung in armen Ländern ja wieder anders zu sehen ist, dort leidet nicht nur das Tier, sondern auch der Mensch an den natürlichen Plagen, die wegen Geld- und Ressourcenmangels nicht verhindert werden können.

Nutztiere werden nicht wie Haustiere gehalten, um nach einem glücklichen, satten, stressfreien Leben friedvoll zu sterben (was ja ebenfalls unnatürlich wäre). Können nicht so gehalten werden. Sie sollen uns mit Fleisch versorgen, hochwertig, unbedenklich und zu einem leistbaren Preis. Leistbar auch für Menschen, die es sich nicht leisten können, ein Vielfaches für »glückliche« Hühner, Schweine, Rinder ausgeben zu können, die auf grünen Matten durch die frische Landschaft hüpfen und mit dem Bauern Zwiesprache halten; rund um die »körndel«-streuende Bäuerin gackern oder zufrieden wiederkäuend in prachtvoller Alpenlandschaft von Kindern gestreichelt werden. So viel Platz haben wir heute nicht mehr. Und so viel Zeit.

Nach vielen Jahrtausenden der Domestizierung, der Zuchtauswahl, ist das Tier nun auf die ständige Versorgung durch den Menschen angewiesen. Und mit der Intensivierung der Landwirtschaft, der zunehmenden Erdbevölkerung, hat der Einfluss auf die Tiere, auf ihre Veränderung zum Nützlichen, durch Haltung, Fütterung und Management immer schneller und intensiver zugenommen. Denn von der modernen Landwirtschaft wird auch Umweltschutz gefordert, nicht nur die Produktion von hochwertigen und unbedenklichen Lebensmitteln – und das zu einem möglichst niedrigen Preis!

Auch »artgerechte« Haltung wird gefordert. Doch was ist das? Die Arten, die in der Natur vorkommen und sich dort mühevoll am Leben erhalten, gibt es auf dem Bauernhof nicht. Und die natürlichen Bedingungen sind Feinde der Massentierhaltung, wobei die ja schon bei mehr als einigen Hühnchen und Schweinchen, nämlich bei Ställen für mehrere Tiere, beginnt: Die Natur strebt Gleichgewicht an, Vermischung, Auslese, nicht die Bemutterung auch des kaum lebensfähigen Nachwuchses.

Von glücklichen Schweinchen und lachenden Kühen

Naturbeobachtungen helfen uns also nicht weiter. Fragen kann man ein Tier nicht (außer in der Werbung), nur beobachten, ob es gesund wirkt, voll Appetit frisst, sich problemlos vermehrt. Eine englische Arbeitsgruppe, das FARM ANIMAL WELFARE COUNCIL, hat hierzu jedenfalls fünf Forderungen formuliert, für die der Bauer die optimalen Bedingungen herstellen soll:

1. Freiheit von Hunger, Durst und Fehlernährung
2. Freiheit von ungeeigneter Unterbringung
3. Freiheit von Schmerz, Krankheit und Verletzung
4. Freiheit von unnötiger Belastung
5. Freiheit zur Ausübung normalen Verhaltens

Das klingt einfach und wird wohl jeden zustimmen lassen. Doch wie lassen sich diese Forderungen nun bei »Schweinchen Babe« umsetzen?

Schon bei Punkt eins werden sich die Geister scheiden. Nicht bei der ausreichenden Wasserversorgung, sehr wohl aber bei der Futterzusammensetzung. »Das Futter muss der Altersstufe und Nutzungsgruppe entsprechend zusammengesetzt sein und dementsprechende Inhaltstoffe aufweisen.« Das wird jeder Bauer beherzigen, der kräftige, gesunde Schweine halten will. Biobauern dürfen natürlich nur Bionahrung füttern, die zwar viel teurer ist, sich aber bei der Fleischqualität in keiner Weise auswirkt und auch nicht nachweisen lässt. Und übrigens mit der alten Bauerntradition, auf die man sich in der Grün- und Biobewegung so gerne beruft, absolut nichts zu tun hat: Schweine wurden mit Küchenabfall gefüttert, einer der Gründe, warum man sie so gerne hielt.

Noch etwas wäre dazu neu zu überdenken: Das Tiermehlfütterungsverbot. Es mag für uns »moralische« Menschen grauslich klingen und den Beiklang von Kannibalismus haben, aber Tiermehl enthält ein Eiweißspektrum, das alle ernährungsphysiologischen Bedürfnisse abdeckt. Schweine und Hühner würden mit diesem Zusatz, der auch noch umweltfreundliche »Müllverwertung« ist, perfekt ernährt. Aber nein, man importiert lieber immer mehr Soja aus Brasilien.

Bei Punkt zwei wird bei Schweinen als eine der wichtigen Forderungen die Klimaregulierung – Stalltemperatur, Frischluftzufuhr und Schadgasgehalt – genannt. Bei Biobauern keine einfache Sache, dürfen sie doch keine Spaltböden benützen, sondern müssen wie in der »guten alten Zeit« Streu (Stroh, Holzschnitzel) verwenden, in dem sich alle möglichen Parasiten und schädlichen Keime bilden. Und Lachgas, das die uns alle schützende Ozonschicht auffrisst. Allerdings wird – bei gewissen Streuqualitäten – weniger Ammoniak freigesetzt als bei Spaltböden. Das verschwindet natürlich nicht, sondern wird später, nach dem Ausmisten, als vom Urin durchtränkter »Rottemist« vom Misthaufen mit hohen Stickstoffemissionen an die Umwelt abgeben.

Ammoniak gilt übrigens als Hauptschadgas aus der Tierhaltung und wird als Verursacher für Waldschäden, Auftreten von Pflanzenschäden in der Umgebung von intensiven Tierhaltungsbetrieben, extreme Algenblüte und Vergrasung der Heiden verantwortlich gemacht. Die Folgen von Ammoniak in der Stallluft sind für Tiere reduzierte Gewichtszunahme und negative Wirkung auf die Atemwege – hier kann Bioschweinehaltung, wenn sie Schweine in offenen Ställen hält, punkten.

Moderne, aber »böse« Schweineställe haben ausgeklügelte Lüftungssysteme, die den Schweinen ständig Frischluft garantieren. Es gibt auch konventionelle Ställe mit Auslauf (befestigte Flächen) oder mit auf Stroh gehaltenen Schweinen. Derartige Ställe sind natürlich billiger zu bauen als klimatisierte, aber im Endeffekt keine Ersparnis. Dort bilden Schweine eine dicke Speckschwarte, um dem Winter zu trotzen, was mehr Futtereinsatz benötigt, und außerdem wird fetteres Schweinefleisch schlechter bezahlt: Alle Konsumenten wollen mageres Schnitzel, mageren Schinken und Lungenbraten.

Was die Umwelt betrifft (also der Nachbarn »artgerechtes Leben«), tut sich der Bioschweinebauer schwer. Denn da spielt der Geruchssinn eine entscheidende Rolle – für die Anrainer. Schweinemist stinkt ganz besonders störend.

Gestank hin oder her, nachgewiesen ist jedenfalls, dass sich in Güllekellern unter Spaltböden, die bei Biobauern verboten sind, zehnmal weniger Ozonkiller Lachgas und wesentlich weniger Stickoxid entwickelt, die Umwelt also wesentlich weniger belastet wird. In den offenen Ställen merkt man die dort um 1000 Prozent stärkere Gasentwicklung nicht, weil durch das ständige Durchwühlen die Luftwechselrate des Schadgases viel höher ist und es rasch in die Umwelt verfrachtet wird. Das stinkt zwar zum Himmel und belastet die Umwelt, aber nicht so sehr die Nasen der Umgebung – und schon haben wir wieder ein falsches Argument *für* altertümliche Methoden, das die moderne Umweltforschung negiert.

Bei Punkt drei, der Freiheit von Schmerz, Krankheit und Verletzung, tut sich die Biohaltung besonders schwer. Auch wenn man darauf achtet, nur Fleisch von Tieren aus möglichst in der Region gelegenen Beständen zu essen, muss dort wie überall geimpft werden, um potenziellen Krankheiten gezielt vorbeugen zu können – ein unverzichtbarer Bestandteil der Gesundheitsvorsorge und damit der verlangten tierschutzgerechten Haltung. Menschen gönnt man diese Gesundheitsvorsorge ja auch! Aber – und da läuten die Alarmglocken der Ökofreaks – das ist ja Chemie! Und schnell wird die Pharmazie mit ihren Sünden aus den 1970er- und 1980er-Jahren heraufbeschworen, als man übertrieben und oft verbotenerweise Antibiotika fütterte und spritzte und Tier wie Mensch damit zunehmend immun gegen die antibakterielle Wirkung machte. Auch hier gilt natürlich – wie immer: Wichtig ist ein gezieltes, genau abgewogenes Einsetzen der Medikamente.

Und auch bei diesem Punkt spielt der Stallboden eine wesentliche Rolle. Er soll ausreichende Trittsicherheit bieten, soll abriebneutral sein und einen gewissen Liegekomfort haben. Der Boden muss auch auf die jeweilige Altersgruppe ausgerichtet sein: Für die Saugferkel darf die Bodenbeschaffenheit vor allem nicht zu rau sein. Für die Muttertiere muss der Stallboden griffig sein, sie müssen in den Abferkelbuchten leicht aufstehen und ablegen können. Schutzvorrichtungen für Ferkel sind nötig, damit sie von der Sau nicht erdrückt werden …

Und das alles soll »artgerecht« sein? Wenn es sich um hochgezüchtete, besonders gutes Fleisch liefernde Säue, gezüchtet für die Stallhaltung, handelt, dann – ja, natürlich.

Dann gibt es noch die Forderung vier, Freiheit von unnötiger Belastung. Wir haben schon in der vorher geschilderten TV-Diskussion von dem ehemaligen Biobauern und seinen Problemen gehört, dem die Belastung seiner Schweine durch Biohaltung zu groß wurde. Unter anderem die gegenseitigen Verletzungen der kleinen Ferkel durch ihre spitzen Zähne, wenn sie um jede Zitze kämpfen und dabei auch die Mutter erheblich verletzen können. Dieser Konkurrenzkampf dient in der Natur der frühzeitigen Selektion der schwächeren Ferkel und der weniger schnell Milch gebenden Mütter. Grausam – und natürlich. Und für einen Bauern, der die Natur walten lässt, nicht nur ein schwer erträglicher Anblick, sondern auch eine schwer erträgliche finanzielle Einbuße.

In Biokreisen wird nur in Ausnahmefällen das Abschleifen der Zähne gestattet – eine einfache, aber effektive Maßnahme. Lieber lässt man Ferkel bei lebendigem Leib verfaulen und Säue beim Säugen Qualen erleiden. Wenn das keine Belastung ist?

Nun noch zu Punkt fünf, Freiheit zur Ausübung normalen Verhaltens. Sicher können hier Biobauern punkten, die ihre Schweinchen fröhlich durch Wiese und Wald graben und grundeln und grunzen lassen. Wenn sie genug Freiraum zur Verfügung haben, den die Schweine mit der Zeit völlig verwüsten können, und einen doppelten Zaun aufstellen, der das Infektionsrisiko über Wildschweinpopulationen verhindert, ist das ja auch eine herrliche Sache. Und wenn das Schweineklo (Schweine sind ordentliche Tiere und koten immer an derselben Stelle), die Suhle, an der konzentriert das Nitrat aus Kot und Urin ausgetragen wird, möglichst nicht in das Grundwasser sickert: eine schwierige Aufgabe.

Worüber man auch nicht gerne spricht: Alle im Freiland gehaltenen Tiere, nicht nur Schweine, sondern auch Schafe, Rinder oder Hühner, sind verwurmt (Schweinebandwurm, Schafsbandwurm, Rinderbandwurm, Geflügelbandwurm), eine regelmäßige Entwurmung ist daher notwendig. Mangalitza-Schweine mögen zwar besser schmecken, nicht wegen »bio«, sondern wegen der Rasse, aber Würmer haben auch sie.

Vernünftig klingt jedenfalls, was W. Schulze, der Begründer der Schweinemedizin in Deutschland, predigt: »Der Mensch darf das Schwein zu seinen Bedürfnissen brauchen und sogar verbrauchen, aber nicht missbrauchen.«

Fazit: »bio« hat im Sauenbereich nichts mit den Begriffen »langfristig, tiergerecht, umweltgerecht« zu tun. Es ist ein Marktsegment mit willkürlich festgelegten Erzeugerrichtlinien. Bio-Zuchtsauenhaltung ist nur für Kleinstbetriebe zu empfehlen, die nicht aus Einkommensüberlegungen, sondern aus Idealismus diesen Weg beschreiten. Denn kleine Sauenherden haben generell einen höheren Immunstatus und könnten somit leichter mit der »tiergerechten« Haltungsform fertig werden.

Da gackern ja die Hühner

Hier sei die wohltuend objektive TV-Sendung von Anja Reschke zitiert, die eine Hühnerfarm besucht hat. Einen Exbiozüchter, der sich nach erfolgreicher Karriere in der Wirtschaft dem Federvieh widmete. Ein Ex ist er deshalb, weil er die Biorichtlinien zu lasch findet. Anja Reschke: »Er hat seinen Biozertifizierer rausgeworfen, weil der nicht ordentlich genug kontrolliert.«

Zwangsbeglücktes Federvieh

Während seine Hühner fröhlich im Gras unter Büschen und Bäumen herumpicken, erklärt er, dass auf größeren und großen Biohöfen zwar die geforderten Freiräume für Hühner vorhanden wären, aber eben ohne schützendes Buschwerk, das nicht verlangt wird, das sie aber brauchen. Denn ohne dieses bleiben die Hühner unter Dach, weil sie sich instinkgemäß (artgerecht!) vor Geiern und Habichten schützen, indem sie freie Flächen meiden – also eine undurchdachte, tierungerechte Verordnung.

Er plädiert für Hühnerhaltung, die nie mehr als 500 Stück zulässt, eine größere Gruppe sei einfach nicht mehr »artgerecht«. »Bio« erlaube aber Tausende. Fünf-, sechs-, zehntausend Hühner sind die Norm.

Anja Reschke besucht auch eine der größten Biohühnerfarmen Deutschlands. In nettem Backsteingemäuer drängen sich 3600 Hühner. In drei Abteilungen. Der Grund: Auf einen Lkw gehen über 4000 drauf, da ist das eine gute Auslastung, der Hühnerfarmer muss an die wirtschaftliche Seite denken, an Frachtkosten und den Wert der Ware. Richtig, er muss ja davon leben. Klingt aber nicht besonders »bio«.

Dann gibt es noch den »Wintergarten«, einen helleren Zubau, von dem aus die Hühner ins Freie können. Könnten, denn wollen tun sie offenbar nicht, kaum ein Huhn pickt draußen vor sich hin. Bäumchen sind zwar schon gepflanzt, aber noch ohne Schutzfunktion. Die Hühner wirken fröhlich und gesund, die Bedingungen sind aber in Wahrheit um nichts besser als die von Nichtbiohühnern aus Bodenhaltung ohne Freilandauslauf.

Selbst der Vertreter des Bioverbands »Naturland« gibt zu, dass bei »bio« noch viel zu viel Werbung mit »heiler Welt« gemacht wird und die Wirklichkeit anders aussieht. Er fürchtet, dass Konsumenten, die das wahre Gesicht von »bio« sehen, dann enttäuscht wären. Er tritt jedenfalls für mehr Transparenz ein: eine löbliche Ausnahme.

Dieser Farmer hält auch Puten. Und zwar eine besondere Züchtung, »Big Six«, die schnell so schwer wird, dass sie sich nur noch auf der überdimensional wachsenden (beim Konsumenten besonders beliebten) Brust weiterschieben kann und natürliche Befruchtung nicht möglich ist, weil das Männchen das Weibchen erdrücken würde. Selbst bei konventionellen Bauern hat man Bedenken, diese Rasse einzusetzen, und spricht über Tierquälerei. Doch für ein Biozertifikat ist das nicht hinderlich, die »Big Six« erlaubt.

Wie also ist das mit dem Federvieh? Mit den aus Käfigen befreiten Hühnern, auf die alle diese fünf Forderungen zutreffen sollen? Die ihren offenbar doch nicht ganz so artgerechten Auslauf im Freien gar nicht nützen, weil sie sich vor Raubvögeln fürchten, und mit ihrer strengen Rangordnung einander in größeren Gruppen so manches Auge aushacken?

Die größte Gefahr hier sind die Salmonellen. Salmonellosen (Erkrankungen durch Salmonellen) gehören zu den Zoonosen, was bedeutet, dass sich sowohl der Mensch am Tier als auch das Tier am Menschen anstecken kann. Ansteckungen des Menschen rühren meist von Hühnerfleisch und Eiern her. Die häufigste für den Menschen gefährliche Salmonellose ist Salmonella enteritidis, die meist mit dem Futter auf das Tier übertragen wurde: Die kann man durch sorgfältige Futterauswahl verhindern. Wobei es wieder völlig egal ist, ob Bio- oder andere Futtermittel gepickt werden. Die zweithäufigste Salmonellose ist Salmonella typhimurium, eine im Steigen begriffene Infektionskrankheit. Und da erfolgt die Infektion vor allem über den Kot von Kleinnagern (Ratten, Mäuse), den die Hühner in der freien Natur fressen: In geschlossenen Stallsystemen (neue Ställe) kommt es kaum zu Infektionen, in der Freilandhaltung hingegen gibt es ein erhöhtes Risiko, dass Kleinnager mit Hühnern in Kontakt und in die Ställe hineinkommen.

Als hühnerfreundlicher Konsument hat man nun also die Wahl: salmonellengefährdetes Huhn (und Ei) aus Freilandhaltung, oder Indoorhühner (Eier) aus Bodenhaltung. Wobei ehrlicherweise gesagt werden muss, dass auch bei Freilandhühnern die Kontrollen gut sind und die Gefährdung gering ist, jedoch größer als bei vorgegebener Nahrung und ungeziefergeschützten Hallen. Den Hühnern scheint es jedenfalls egal zu sein, ob sie unter Dach oder unter Büschen picken, sie gedeihen in beiden Fällen prächtig und sind Nutznießer des großen ethischen Fortschritts von Verboten enger Käfige in ganz Europa.

Die heiligen Kühe Europas

Da steht sie, die glücklich mümmelnde Kuh, immer von Gipfeln und grünenden Matten umgeben, stets von Sonne beschienen, und bimmelt ihren Kollegen glückliche Botschaften zu von besserer Milch und saftigen Kräutern, von guter Luft und der zartfingrigen Sennerin. Zu finden auf Milchpackungen, Schokowickelpapier, Käseschachteln und Joghurtgebinden. Doch wie schaut es wirklich aus auf den Bauernhöfen, die sich der »guten Sache«, der Biolandwirtschaft, verschrieben haben und all die vielen Supermärkte beliefern, in denen »Ja, natürlich« und sonstige Biomarken das Blaue vom Himmel versprechen? Was können sie besser als die Kuh des konventionellen Bauern, der seine Kühe zwar auch gerne auf die Alm lässt und sie sorgfältig aufzieht und züchtet, aber ohne Biozertifikat?

Bei gleichen Rassen – absolut nichts.

Das biologisch erzeugte Futter ist im Fleisch weder positiv noch negativ nachweisbar. Und auch nicht immer zwingend vorgeschrieben, es gibt Ausnahmen. Der einzige messbare Unterschied besteht in der Tierhaltung: Biotiere haben einen Anspruch auf doppelt so viel Fläche wie konventionelle, und Biotiere haben einen Anspruch auf Auslauf. Was nicht bedeutet, dass der »normale« Bauer ihnen das vorenthält.

Der immer wieder von Biokämpfern beschworene vorbeugende Einsatz von chemisch-synthetischen Arzneimitteln und Antibiotika und der vorbeugende Einsatz von Kokzidiostatika und anderen künstlichen Wachstums- oder Leistungsförderern ist auch bei »konventionell« verboten. Also kein Unterschied. Auch bei der Behandlung von Krankheiten nicht. Denn bei ernsthaften Störungen muss man sich an die »konventionelle« Medizin halten: Eine große FIBL-Studie, die beweisen sollte, dass Homöopathie in der Tierhaltung wirkt, hat zum Ärger vieler Biofunktionäre leider nichts gebracht.

Ein Biotier darf allerdings nicht öfter als dreimal innerhalb eines Jahres mit chemisch-synthetischen, allopathischen (aus der Schulmedizin stammenden) Arzneimitteln behandelt werden. Tiere, die nicht älter als zwölf Monate werden, dürfen nur einmal mit chemisch-synthetischen allopathischen Arzneimitteln behandelt werden. Werden Tiere öfter behandelt, müssen sie konventionell vermarktet werden. Nur: Wenn ein Betrieb, egal ob »konventionell« oder »bio«, dreimal im Jahr eine Behandlung braucht, dann gibt es ohnehin ein erhebliches Problem im Stall, und der Bauer wird schon aus Eigenverantwortung sein Stallmanagement ändern.

Keinen Furz wert?

Aber wie ist das mit der Rasse? Sind Traditionsrinder, die halt weniger Milch geben und weniger Fleisch ansetzen, nicht viel besser angepasst an unsere Natur? Viel umweltverträglicher?

Das sind sie absolut und eindeutig nicht. Sie mögen besser schmecken, aber der Ausstoß an klimaschädlichem Methangas ist unter dem Strich wesentlich höher. Nicht, weil sie öfter rülpsen und furzen als ihre Hochleistungsgefährten, sondern weil man einfach mehr Tiere braucht, um eine gewissen Menge an Milch zu erzeugen: Um 9000 Liter Milch zu erzeugen, kann ich eine Turbokuh oder drei Biokühe halten.

Ganz so einfach ist es natürlich nicht, und alles wieder ein bisschen kompliziert: Zwar wird über das höhere Leistungsniveau der Turbokuh mehr umgesetzt, aber da der Großteil des im Magen produzierten Methans aus dem Grundumsatz kommt, wird mehr gerülpst. Aber auch wenn man diesen Umstand einberechnet und die Tatsache, dass man einen höheren Kraftfuttereinsatz braucht, der wieder mehr CO_2 erzeugt, Methan als Treibhausgas aber viermal so stark wirkt wie der entsprechende Ausstoß von CO_2, ist die Bilanz noch immer hoch positiv für die Turbokuh. Das ist unter Klimaexperten unumstritten, und das in der Regel bioaffine österreichische Umweltbundesamt hat das in den österreichischen Meldungen zum Kyotoprotokoll berücksichtigt. Es ist also kein Geheimnis und keine Verschwörungstheorie, wird aber von Biovertretern ungern erwähnt.

Wie überhaupt das Thema Umweltverträglichkeit bei Diskussionen gerne schnell mit Themenwechsel abgewürgt wird. Nitratverseuchte Böden und Grundwässer durch zu viel Gülle? Immer wieder bloß ein Einzelfall. Der Stolz der Almen als Klimafeind? Schnell werden die heiligen Kühe aus dem Fokus entfernt und anklagend auf böse Lastkraftwagen und die Industrie hingedeutet: Dabei weiß man heute, dass die Wiederkäuer dieser Erde um 50 Prozent mehr Treibhausgas in die Atmosphäre rülpsen und furzen als alle Transportfahrzeuge. Würden wir statt des Steaks und der Kalbshaxe, dem Tafelspitz und dem Gulasch lieber Geflügel, Schwein und Fisch essen, oder überhaupt mehr Grünzeug, sähe die Welt besser aus. Übrigens: Auch Kängurufleisch wäre eine Lösung, diese Beuteltiere rülpsen kein Methan. Versuche, ihre Magenflora in Rinder zu transplantieren, sind in den USA im Laufen.

Dazu noch ein Punkt: Die immer wieder gepredigte Lokalversorgung durch Kleinbetriebe. Was Frische und Authentizität anbelangt, gibt es natürlich nichts Besseres. Aber mit Umweltschutz hat das nichts zu tun. Ein Gutteil der CO_2 Belastung passiert in der Produktionsphase, nicht bei der Zulieferung. Große Farmen sind einfach energieeffizienter. Gemüse aus europäischen Glashäusern hat teilweise eine schlechtere Umweltbilanz als importierte Früchte, so unglaublich das klingt.

Die Milch der frommen Denkungsart

Was kann man in Biopostillen oder Zeitungsbeilegern so wunderbar lesen: »... Ein britisches Forschungsergebnis attestiert der Biomilch einen um 64 Prozent höheren Anteil an Omega-3-Fettsäuren. Omega-3-Fettsäuren können das Herzinfarktrisiko signifikant verringern. Dänische Wissenschaftler stellten in Biomilch einen höheren Vitamin-E-Anteil fest, was zur Hemmung von Arterienverkalkung beitragen kann. Eine österreichische Studie bescheinigt Biomilch dreimal so viel konjugierte Linolsäure (CLA), eine ungesättigte Fettsäure mit einer krebshemmenden Wirkung. ... Eine Studie aus den Niederlanden belegt wiederum, dass bei Kleinkindern eine Ernährung mit biologischen Milchprodukten das Risiko für Ekzeme um 36 Prozent verringert. ...«

Bei längeren Rechercheversuchen, um die Herkunft und die genauen Daten dieser paradiesischen Zahlen zu ermitteln, war außer weiteren Schlagworten nichts zu finden. Sehr wohl zu finden war aber eine Untersuchung aus Bern, der Hochburg der Biotester, in der peinlicherweise vollkommen gegenteilige Resultate erzielt wurden. Unter der Headline »Biomilch nicht besser als herkömmliche Milch« konnte man den Forschungsbericht von Professor Jürg Blum von der Uni Bern lesen, der Tierhaltung, Gesundheitszustand, Milchleistung und Milchqualität von Kühen aus integrierter Produktion (IP), also aus konventioneller, allerdings besonders sorgfältiger Viehwirtschaft, mit Biohaltung verglichen hatte. Sie war nicht nur nicht besser, Biohaltung erwies sich sogar manchmal als nachteilig: Euterentzündung führte zu Keimen in der Konsummilch. Außerdem gab es bei »bio« fünf bis zwölf Prozent weniger Milch, da die Hochleistungskühe dank Bioauflagen weniger Kraftfutter bekamen, was zu Ernährungsdefiziten führt.

Wer eine weitere Bestätigung braucht, dass es keinen Unterschied in den Inhaltsstoffen von Bio- und Nichtbiolebensmitteln gibt, kann sich im Internet über eine betreffende Studie informieren: Comparison of composition (nutrients and other substances) of organically and conventionally produced foodstuffs: a systematic review of the available literature, Report for the Food

Standards Agency, Nutrition and Public Health Intervention Research Unit, London School of Hygiene & Tropical Medicine, *http://www.food.gov.uk/multimedia/pdfs/ organicreviewappendices.pdf*

Es gibt keine endgültigen Wahrheiten

Interview mit Univ.-Prof. DI Dr. Wilhelm Windisch

Zum Thema Tierernährung, Futtermittelkunde und Ernährungsphysiologie passt ein Interview mit Univ.-Prof. DI Dr. Windisch, einem Fachmann auf diesem Gebiet, der unter dem Motto »Hochwertige Nahrung ist ein zentrales Grundbedürfnis« an der Universität für Bodenkultur Wien durch Forschung und Lehrtätigkeit im nationalen und internationalen Kontext einen wesentlichen Beitrag zur Versorgung der Bevölkerung mit qualitativ hochwertigen und sicheren Lebensmitteln leistet. Die Forschungsschwerpunkte waren insbesondere auf die spezifischen Bedürfnisse der Bevölkerung Österreichs und Mitteleuropas ausgerichtet. In seinen Vorträgen vermittelt er den Studierenden neben fundierter Fachkompetenz auch transdisziplinäres, kritisches und ethisch verantwortungsbewusstes Denken.

Univ.-Prof. DI Dr. Wilhelm Windisch, seit kurzem wieder in München, wo er einen Lehrstuhl für Tierernährung am Wissenschaftszentrum Weihenstephan der Universität München bekleidet, ist ein sehr lebendiger, sehr expressiver Mann, der sich im Laufe seines Forscherlebens auf wissenschaftlicher Basis ein sehr genaues Bild von »bio« und der Entwicklung dieses Trends zu einer Ersatzreligion mit vielen völlig irreführenden Behauptungen und irrregeführten Anhängern machen konnte.

Es wird alles zu kompliziert

»Die Wissenschaften, die Naturwissenschaften, bringen in immer rascherem Tempo neue Erkenntnisse. Es wird alles immer komplizierter, und es gibt keine endgültigen Wahrheiten. Erkenntnis heißt immer, ich muss Unsicherheiten in Kauf nehmen. Ein schönes Gleichnis für Wissenschaft und Forschung ist das Fahren im Auto durch ein Unwetter: Durch die Windschutzscheibe ist nichts zu sehen, durch die Rückscheibe aber sehr wohl. Man kann so zwar sehen, wo man war (schon erforschte Wahrheiten nützen), bei Hindernissen auch wieder rückwärts fahren und es anders probieren, aber ob die eingeschlagene Richtung stimmt, weiß man erst, wenn man weitergekommen ist.

Unsicherheiten machen Angst. Ein Paradebeispiel für Angstmache: Vor einigen Jahren gab es die Schlagzeile, dass Bioeier mehr Dioxin hätten als konventionelle Eier. Alle haben vor Dioxin Angst – ein Sinnbild für das industrielle Teufelswerk. Ein Gift, das niemand sieht, das aber das Leben verheerend auffrisst. Nun, die Aussage war vollkommen richtig. Aber man muss es interpretieren. Man muss wissen, dass es im Biobereich mehr Auslaufhaltung gibt. Die Wahrscheinlichkeit, dass ein Huhn Erde aufnimmt, ist deshalb bei »bio« größer als in einem Nichtbiobetrieb, wo die Hühner im Stall sind. Über den Boden können die Tiere auch vermehrt Dioxine aufnehmen (im Boden ist das praktisch von Natur aus enthalten). Und heute können wir das in einer Feinheit analysieren, dass wir diese Unterschiede bekommen. Doch wir müssen akzeptieren, dass uns solche Dinge umgeben. Wir müssen mit dieser Unsicherheit leben. Ob ›bio‹ oder ›nicht bio‹. Wir können nicht sagen, jetzt wischen wir alles vom Tisch und erzeugen Nulllösungen, und dann ist alles sauber und gut: Das Leben ist nicht so. Es hat Unabwendbarkeiten. Die finale Unabwendbarkeit ist der Tod.«

Religiöse Regeln

»›Bio‹ ist eine romantische Erscheinung. Die Regeln, nach denen bei ›bio‹ vorgegangen wird, sind religiös: Die Regeln an sich werden für gut befunden, und aus den Regeln folgen Umsetzungen im normalen Leben, obwohl viele der Regeln mit den Naturgesetzen im Widerspruch stehen. Sie brauchen ja nur einmal bei Rudolf Steiner nachzulesen. Die Regel ist wichtiger als das abwägende Wissen. Es wird nicht überlegt, wäre es vielleicht in dem einen oder anderen Fall besser, diese Regel zu überdenken. Es wird nicht abgewogen. Die Regel ist unantastbar. Das finde ich, und das ist meine persönliche Meinung, zutiefst fundamentalistisch. Das ist Talibanmentalität.

Das Grundprinzip jeglicher Erkenntnisforschung ist der Widerstand gegen Regeln. Das ist der Motor der Wissenschaft. Zerstörung des Dogmas. Wie beim Ketzer. Man wird zum Ketzer, weil man die Regeln nicht anerkennt. Jegliche Wissenschaft ist darauf aufgebaut, dass sie aufgestellte Regeln infrage stellt. Das Prinzip der Wissenschaft ist es, dass sich die Regel rechtfertigen muss gegenüber einem ihr widersprechenden experimentellen Befund, und nicht umgekehrt. Das ist das Grundprinzip unserer westlichen Kultur!«

Die positive Idee der Nachhaltigkeit

»Ich will nicht sagen, dass im Biobereich gewisse Detailregeln nicht sinnvoll sind. Der ursprüngliche Biofundamentalismus hat in der landwirtschaftlichen Primärproduktion die Leute dazu aufgefordert, dass sie sich vermehrt Gedanken machen. Nicht nur über ökonomischen Kosten/Nutzen, über die Ertragssteigerung, über mehr Produkte, sondern darüber, ob man das nicht mit anderen Methoden machen könnte, Mittel einsetzen, die sicher und leicht abbaubar sind, die keine Spuren hinterlassen. Die Idee der Nachhaltigkeit, die ist sicher durch die Biowelle auch in die

Köpfe der Nichtbioleute gedrungen, und das ist schon ein Gewinn. Doch ich würde mir wünschen, dass man über die Details diskutiert. Dass man nicht alle dieser teils erfundenen Regeln als wahr ansieht.«

Kein globaler Nutzen

»Bei manchen Bioargumenten ist es schlicht ein Versperren vor den Nöten der Welt. Ein Ausdruck von elitärem Reichtum, mit dem wir hier leben. Es ist eine Abgrenzung, die hier bewusst gemacht wird zwischen so genannten konventionellen Leistungsträgern, die verlässlich für unsere Ernährung sorgen, und den ›ganzheitlichen‹, die sich mit dieser Philosophie der Rechtfertigung bei Kritik an Details entziehen können: ein ungünstiger Test im Glashaus – ungültig, wurde aus dem Zusammenhang, der Umgebung gerissen, von den kosmischen Einflüssen entfernt. Manche Tests sind aber anders nicht durchzuführen! So macht man sich's einfach.«

Die belebte Natur ist hoch dynamisch

»Diese falsche Vorstellung vom ›Haus der Natur‹ kommt, typisch europäisch, aus der Romantik: eine Gegenbewegung gegen die Industrielle Revolution. Wenn ich Nahrungsmittel erzeuge, egal welche, dann greife ich in den Haushalt der Natur ein. Es ist Unsinn zu sagen, man macht das ›natürlich‹. Das ist immer ein Eingriff. Ökologie kommt ja von ›Eukos‹, das Haus, und ›Logos‹, die Lehre. Also die Lehre von dem Haushalt, in dem der Mensch einen Raum hat. Sie impliziert, dass es in der Natur quasi Idealzustände/Sollwerte gäbe, von denen abzuweichen ein unnatürliches Verhalten wäre. Man würde damit die ›gütige Mutter Natur‹ beleidigen, ihr Schmerz zufügen und sich dadurch Schuld aufladen. Die Vorstellung eines Idealzustands ist jedoch zutiefst anthropozentrisch und entlarvt sich beim genaueren Hinsehen als brutale Hybris. Die Natur ist stets in Bewegung. Manchmal tragen wir zu dieser Bewegung bei, meistens jedoch nicht.

Ein schönes Beispiel ist die Diskussion um die ›Klimakatastrophe‹. Was ist hier bitteschön der Sollwert der Temperatur? Wir haben in den vergangenen Jahrhunderten starke Änderungen des Klimas erlebt (kleine Eiszeit im 16. Jahrhundert) und haben trotz ›Global Warming‹ immer noch nicht die Temperaturen erreicht, die wir im Hochmittelalter bei uns hatten (einschließlich aller unangenehmen Begleitumstände, wie etwa die Malaria). Wir gehen heutzutage selbstverständlich davon aus, dass das Ende der Eiszeit eine Befreiung war. Für die Menschen der Eiszeit war es das sicher nicht, denn mit dem Verschwinden der ausgedehnten Graslandschaften und dem Aufkommen eines geschlossenen Waldes verschwand die Nahrungsgrundlage der Menschen, die großen Herden von Pflanzenfressern, wie die Bisons für die Indianer der nordamerikanischen Prärien.

Oder ein anderes Beispiel, über das auch Professor Reichholf schreibt: Die rote Liste der vom Aussterben bedrohten Pflanzen ist nichts anderes als eine Sammlung von Pflanzen, die eine hochgradig übernutzte landwirtschaftliche Fläche anzeigt. Ist das wirklich der Sollwert, laut dem wir unsere Natur einstellen sollen? Ist es nicht vermessen, die Natur mit Gewalt dahin zu bringen, dass sie ihrem (vermeintlichen) Idealzustand, nämlich unseren Vorstellungen, nahekommt?

Selbstverständlich müssen wir im Umgang mit den natürlichen Ressourcen (Luft, Boden, Wasser, Lebewesen) ein Höchstmaß an Verantwortung und Nachhaltigkeit an den Tag legen. Aber nicht etwa, um eine in der Zeitachse willkürlich herausgepickte Momentaufnahme zu konservieren, wie die Zeit der Romantik, sondern um das Überleben unserer Spezies zu ermöglichen. Das geht nur, wenn wir akzeptieren, dass die belebte und unbelebte Natur hoch dynamisch ist.«

Idealvorstellungen aus dem Mittelalter

»Nebenbei bemerkt haben wir die Natur durch landwirtschaftliche Aktivitäten schon seit Anbeginn des Ackerbaus massiv verändert. Die angebliche Natur, wie man sie in Mitteleuropa antrifft, die Topologie der Flüsse, die Art der Wälder und andere ›natürliche‹ Landschaften, sind hauptsächlich ein Produkt der mittelalterlichen Siedlungstätigkeit. Eine wirklich unberührte Natur gibt es in Mitteleuropa schon seit mehreren tausend Jahren nicht mehr.

Zurückkommend: Wie soll denn das ›Haus der Natur‹ aussehen? Wer bestimmt den vermeintlichen Idealzustand, wer garantiert, dass die Menschen in 100 Jahren das auch noch so sehen? Wollen wir wirklich an den Anfang des 19. Jahrhunderts zurück, wo es deutlich kälter war als heute?

Zur Vertiefung dieses Themas, vom Einfluss des Menschen auf die Natur, empfehle ich das Buch von Hansjörg Küster, 1999: ›Geschichte der Landschaft in Mitteleuropa – Von der Eiszeit bis zur Gegenwart‹, C. H. Beck Verlag.«

Die Angst vor Veränderung

»Auch die ›Rote Liste‹ für die verschiedenen Arten ist so eine Sache. Die Unkräuter, die Ackerbeikräuter, die jetzt diesen Ruf des Wertvollen, des Schönen, Alten bekommen, das Nachhaltigkeit anzeigen soll – das sind in Wahrheit Anzeichen einer massiv übernutzten Landwirtschaft, eines ausgebeuteten Ökosystems! Mitte des 19. Jahrhunderts, aus purer Armut, die Leute haben nichts zu essen gehabt, hat man die Landschaften übernutzt, wie es nur ging. Kornblumen, Mohn, das sind Mageranzeiger! Dass die verschwinden, wenn man versucht, die Bodenfruchtbarkeit zu steigern, das ist ja logisch. Man muss sich überlegen, wo wollen wir eigentlich hin? Wir füttern Tiere mit unseren eigenen Lebensmitteln, weil wir in einer Zeit leben, in der Getreide unglaublich billig ist. Anderswo prügelt man sich hungrig um eine Hand voll Reis. Ist das ›politisch korrekt‹? Andererseits wollen wir doch sicher nicht dorthin zurück, wie es früher war, als ausreichende Ernährung noch nicht selbstverständlich war, so wie heute bei uns.«

Rinder sind für Städter da

»Noch so ein Thema: Die Vorstellung von der Nachhaltigkeit von Rindern. Warum halten die Papuas in Neuguinea oder die Indianer im Amazonasurwald keine Rinder? Oder Schafe, die ja ach so nachhaltig sind? Warum halten ausgerechnet die sich Schweine oder Hühner? Also die größten Nahrungskonkurrenten? Weil das eben die besseren Futterverwerter sind! Für ein Kilogramm Rindfleisch in der intensiven Rindermast muss man mindestens fünf Kilogramm Trockenmasse einsetzen. Das eine Kilogramm Gewichtszunahme sind dann vielleicht 300 Gramm Fleisch. Beim Vogel brauchen Sie bloß 1,8 Kilogramm, beim Schwein 2,5 Kilogramm! Die ineffizienteste Fleischproduktion ist das Rind. Es produziert am meisten Stickstoff, es setzt klimarelevantes Methangas frei! Aber – das Rind kann unglaublich weit laufen. Dort, wo niemand leben kann, wo keine hohe Zivilisation möglich ist, sammelt es über einen riesigen Raum seine Nahrung. Dort lebt es sinnvoll.

Rinderhaltung hat nichts mit nachhaltiger Nutzung zu tun. Das ist die Basis der Versorgung von Metropolen. Dass Rinder die Almen pflegen, das ist auch noch nicht so lange her. Wie lange gibt's denn das Allgäu mit seinen grünen Wiesenflächen? Seitdem es die Eisenbahn gibt! Davor war das nicht, die haben Ackerbau betrieben, waren bettelarm. Die ›üppigen Matten‹, diese Landschaftsformen, die kommen erst mit dem geeigneten Transportmittel. Und am anderen Ende der Schienen steht eine Metropole mit vielen, vielen Tausenden von Menschen, die von der Landwirtschaft entkoppelt sind.

Die Biojünger, die betrachten nur diese heile Welt draußen auf dem Land. Aber es geht doch darum, die Millionen Menschen in den Städten zu ernähren!

Also: Nachhaltig ist kleinräumig. Mit geschlossenen Nährstoffkreisläufen. Aber Rinderhaltung ist, global gesehen, nie kleinräumig gewesen. Sie war immer weiträumig, war immer für Städte da. Das Problem war: Wie managt man die Versorgung der Bevölkerung? Nicht den Teil der Bevölkerung, der es sich leisten kann, irgendwelchen Ideologien nachzurennen und auf schöne heile Welt zu machen. Es geht darum, wie man täglich Millionen Menschen in Städten etwas zu essen geben kann. Das ist eine ganz andere Herausforderung!«

Die Medien als Horrorladen

»Zu der Angst vor Hormonen und Antibiotika: Geschlechtshormone oder andere Hormone sind nirgends zugelassen und waren es auch nie! Die waren immer illegal, sie einzusetzen waren kriminelle Machenschaften. Hormone wären Doping.

Wobei es eigentlich nur zu Wirkungen im Menschen kommt, wenn man die Einstichstelle erwischen und eine Hormonmenge aufnehmen würde, die für den Menschen wirksam wäre. Was würde es auslösen? Den Hormoneffekt, den es auch im Tier auslöst. Ob ein Wachstumshormon oder Adrenalin – das ist das Gleiche. Ich brauche also vor der Substanz an sich ohnehin keine Angst zu haben! Aber da haben die Medien eine ganz ungute Rolle gespielt, die Angst vor Hormonen hochgespielt.

Hormone sind also bei uns nie erlaubt gewesen, auch nicht das einzige je weltweit partiell zugelassene Hormon, das Wachstumshormon ›Somatotropin‹ für Rinder (bovines Somatotropin, bST). bST ist in den USA bei Mastrindern zugelassen, nicht jedoch in der EU. Das ist einer der ganz wenigen Fälle, wo man wirklich ein Hormon verwendet hat. Doch wenn ich das benütze, dann zwinge ich den Stoffwechsel zu Leistungen, zu denen der Körper momentan nicht bereit ist. Das geschieht oft gegen den Leistungsrhythmus des Tieres und kann dazu führen, dass beispielsweise Milchkühe schlichtweg ausbrennen. Aber das ist dann kein Problem für die Gesundheit des Konsumenten tierischer Lebensmittel oder die ernährungsphysiologische Qualität von Milch, Fleisch und Eiern, sondern es ist ein ethisches Problem, das hat etwas mit dem Tierschutz zu tun und dem Mindestmaß an Respekt gegenüber unseren landwirtschaftlichen Nutztieren.

Insgesamt gelten für konventionelles Fleisch selbstverständlich die gleichen Sicherheitsbestimmungen wie für Biofleisch. Leider glauben viele Leute, dass Bioprodukte automatisch sauber sind, weil ja alles ›natürlich‹ hergestellt wurde, und dass man das deshalb gar nicht mehr zu prüfen braucht. Für die Lebensmittelgesetze ist es jedoch vollkommen irrelevant, ob das landwirtschaftliche Produkt ein ›Bio‹-Label hat oder nicht. Die Kontrolle und Analytik der gesundheitlichen Unbedenklichkeit und der ernährungsphysiologischen Qualität von Milch, Fleisch, Eiern und so weiter gilt nach einheitlichen, naturwissenschaftlich begründeten Regeln.

bST war bei uns also ohnehin noch nie erlaubt. Etwas anderes, und das wird immer wieder verwechselt, sind Medikamente mit hormonellen Nebenwirkungen. Um diese Substanzen ging's eigentlich immer. Zum Beispiel die illegale Anwendung bestimmter Hustenmitteln mit dem Wirkstoff Clenbuterol an Kälber. Das ist auch als Dopingmittel für Sportler bekannt und wird im Internet beworben (einfach mal in Google das Stichwort ›clenbuterol‹ eingeben). Die Anwendung dieser Medikamente hatte eine leistungsfördernde Wirkung auf die Mastkälber, allerdings mit der unangenehmen Begleiterscheinung, dass im Fleisch der Tiere immer noch pharmakologisch relevante Rückstände von Clenbuterol enthalten waren. Derlei gefährliche Praktiken waren in der Landwirtschaft noch niemals erlaubt gewesen, und es wird auch in Zukunft weltweit kein grünes Licht dafür geben. Das war und ist illegal und es sind schlichtweg Einzelfälle, in denen Landwirte in krimineller Absicht gefährliche Dinge getan haben. Leider werden die ›konventionellen‹ Bauern von den Medien mit solchen schwarzen Schafen in Sippenhaft genommen, und man redet dann simplifizierend von den Tierfabriken mit Antibiotika und Hormonen.

Die Horrorberichte der Medien leben jedenfalls weiter. Wenn man sich die Biologiebücher, die heute in den Gymnasien verwendet werden, anschaut, ist es hochinteressant, wie sich das historisch verändert hat. Die Generation, die groß geworden ist mit der Angst, mit der Panik vor Antibiotika oder Hormonen, von ihren Eltern geprägt, die sind jetzt in dem Alter, in dem sie selbst Biobücher schreiben. Und Schulbücher. Da gibt's dann immer Kapitel über Spinnen und bunte Vögel, aber kaum irgendwo sind landwirtschaftliche Nutztiere drin. Oder Getreidearten. Man findet zwar durchaus etwas über den ›Wert‹ der Prozesstechnik bei der Erzeugung von Lebensmitteln, also dass ›bio‹ gut und ›konventionell‹ eher weniger gut ist. Die ›Werte‹-freie Vermittlung der biologischen Grundlagen lebensmittelliefernder Pflanzen und Tiere kommt jedoch zu kurz, ebenso die Grundlagen der menschlichen Ernährung und des Stoffwechsels.

Dieser Mangel an Fachwissen, dazu die immer wieder gehämmerten, negativ belegten Reizworte ›Massentierhaltung‹ und ›Monokultur‹ verhindern ein objektives, neutral erlangtes Wissen. Das Thema ›Ernährung‹ wird heute meistens mit bereits festgemauerten ideologischen Vorstellungen behandelt. Und damit wird jetzt schon in der Schule die Angst eingeimpft. Die wird zum Lernstoff.«

Der Mensch darf, das Tier nicht?

»Zu den Antibiotika: Das sind ebenfalls Wachstumsförderer. Oder Leistungsförderer. In den 1980er-Jahren hat man das so bezeichnet, damit es die Bauern kaufen. Was haben diese Stoffe gemacht? Das sind Substanzen, die die Gesundheit der Tiere in kritischen Lebenssituationen stabilisieren. Damit braucht man den Tierarzt weniger, und dadurch, dass die Tiere weniger krank werden, wachsen sie besser.

Auch beim Menschen ist die gefährlichste Zeit, eine kritische Lebenssituation, die, wenn Säuglinge abgestillt werden. Die ersten ein, zwei Jahre. Heutzutage gibt es in den Drogerien ungeheuer viele Babygläser, bis drei Monate, ab drei Monate, und genauso füttert man heute junge Nutztiere. Genauso. Was man beim Baby für Kunstgriffe macht, genau das Gleiche tut man im Tierbereich. Wir haben vergessen, dass in anderen Ländern, in denen die Hygiene nicht so groß ist wie hier (wie bei uns bis vor 100 Jahren), die Hälfte der Kinder gestorben ist. Die haben das zweite Jahr nicht überlebt. Ein kleiner Durchfall, das reicht schon. Dann kommen die Sekundärinfektionen … Nur damit man einen Begriff davon bekommt, wie kritisch und bedrohlich diese Lebenszeit ist! Heute versteht der Konsument überhaupt nicht, wie man auf die Idee kommt, Antibiotika einzusetzen! Nun, um einen despektierlichen Ausdruck zu verwenden, da verreckt halt dann einfach die Hälfte der Tiere. Auswirkungen auf die Fleischqualität hat es keine.

Heute verwendet man übrigens viele andere Mittel statt Antibiotika als Wachstumsförderer. Zum Beispiel Konservierungsmittel. Aber da hat man ja auch Angst davor. Um Gottes willen, da ist Ascorbinsäure drin! Oder Propionsäure! Doch jeder Mensch produziert in seinem Dickdarm grammweise Propionsäure, absorbiert und verstoffwechselt sie, macht daraus Glukose, Fett oder Energie. Das sind nichts anderes als ›natürliche‹ Leistungsförderer. Die pack ich ins Futter hinein! Was man aus dem Konservierungsbereich kennt, das sind alles antimikrobielle Stoffe, in ihrer Wirkungsweise den Antibiotika verwandt, aber keine unnatürlichen Substanzen. Zum Beispiel Zitronensäure, Ascorbinsäure, Benzoesäure, Milchsäure, Ameisensäure. Wie auf Konserven in den Regalen der Supermärkte nachzulesen. Alle diese Konservierungsstoffe kann ich auch hernehmen, um zum Beispiel diese Durchfallerkrankungen in den Griff zu kriegen.

Dann gibt es noch Kräuter. Die ganzen Gewürzöle. Basilikum, Salbei, die gehen alle in diese Richtung. Das sind Leistungsförderer. Der Mensch sagt, wunderbar, das ist alles schön, das ist alles natürlich, das verwende ich. Aber in dem Moment, wo man es beim Tier einsetzt und bewirbt, dass das Wachstum gefördert wird, heißt es ›pfui‹.

Bei Probiotika, da ist das ja dasselbe. Die werden intensiv als Leistungsförderer in der Tierhaltung eingesetzt. Dort wird ja viel mehr Geld gemacht als beim Menschen. Dabei holen sich diejenigen, die über Leistungsförderer beim Tier schimpfen, dann selbst einen Joghurt von Yakult oder Danone.

Übrigens, was die ganze Anwendung von Probiotika oder Mikroorganismen anbelangt: Diese vielversprechenden Joghurts mussten ja jetzt endlich zurückgezogen werden, das war eine Irreführung der Bevölkerung! Der Wohlfühlbauch oder was weiß ich. Diese Irreführung ist bei Futtermitteln absolut verboten.«

Schon längst verboten, immer noch zitiert

»Antibiotika sind als Stoffklasse die gezielteste. Die sind eben unglaublich wirksam. Aber dadurch, dass sie so gezielt sind, erzeugen sie auch Resistenzen. Und das war wirklich ein Sündenfall der tierischen Erzeugung, dass man sie unkritisch als Futterzusatz eingesetzt hat. Und es ist mit dem heutigen Wissen, wie es funktioniert und welche Alternativen es gibt, nicht mehr notwendig, Antibiotika einzusetzen. Sie sind seit dem 1. Januar 2006 als Futterzusatzstoffe in der EU verboten. Ausnahmslos. Brauchen wir nicht mehr, haben wir nicht mehr. Aber was die Leute nicht wissen, was nicht verboten ist, ist die therapeutische Anwendung durch den Tierarzt. Wenn die Tiere krank werden, dann muss der Tierarzt kommen und muss es anwenden. Ganz egal, ob das ›konventionell‹ oder ›bio‹ ist. Das wird immer wieder verschwiegen.

Natürlich werden auch im Biobereich Antibiotika angewandt, wenn es veterinärmedizinisch erforderlich ist. Wenn das ein Landwirt nicht macht, dann gehört er eingesperrt! Man kann doch Tiere nicht sterben lassen, wenn man ein Medikament dagegen hat. Das ist ja gegen jeglichen Tierschutz! Das ist illegal, und da würde er gestraft. Die Behauptung, dass die konventionellen Bauern Antibiotika einsetzen und die Biobauern nicht, das ist eine Verdrehung der Wahrheit! Der Unterschied ist, dass bei ›bio‹ die Antibiotikaabsatzfrist nach Ende der Therapie über das vorgeschriebene Maß für ›nicht bio‹ hinaus verlängert wird.

Der Unterschied zwischen Biofleisch und konventionellem Fleisch kann sehr wohl ein großer ein. In der Fleischqualität, die man auch schmecken kann. (Leber und Niere würde ich übrigens nichts allzu häufig essen, auch nicht im Biobereich.) Die Ursache ist jedoch nicht die Biofütterung, sondern es sind die Tierrassen, die im Biobereich verwendet werden. Die wachsen weniger schnell und können dadurch ein fetteres Fleisch entwickeln. Auch wenn man sie auf extensiven Flächen hält. Übrigens kann jeder Bauer gute Fleischqualität erzeugen, wenn das Tier intensiv gefüttert wird. Intensiv nicht aus der Sicht des Menschen – es muss ein hohes Maß an Nährstoffangebot im Verhältnis zum Bedarf vorhanden sein: Wenn man langsam wachsende Rinderrassen auf extensiven Flächen hält, ist das aus der Sicht des Tieres trotzdem intensiv, weil das Tier im Vergleich zu seinem (niedrigen) Bedarf mit Nährstoffen reichlich versorgt wird. Man muss eben jedes Tier seinem Wachstumsprogramm entsprechend füttern. Und da wird bei Nichtbiobauern mit schnell wachsenden Rindern oft zu wenig intensiv gefüttert. Das ist der Grund, warum das ›konventionelle‹ Fleisch dem Biofleisch in der Qualität manchmal unterlegen ist. Dabei könnte der konventionelle Bauer mit seinen konventionellen Fütterungsmethoden die gleiche Qualität erzeugen.

Fleischqualität hat also nichts mit Ideologie zu tun, sondern es ist eine Frage, ob jemand sein Handwerk versteht – und natürlich auch, ob der Konsument bereit ist, für ein gutes Meisterstück auch den gebührenden Preis zu bezahlen. Es ist ja tragisch, dass die Leute gar nicht mehr wissen, was Fleischqualität ist, dass fettdurchzogenes Fleisch wesentlich besser ist als mageres. Außerdem lassen sich die Menschen durch die Marke täuschen.«

Auch »bio« braucht Futterzusatzstoffe

»Futterzusatzstoffe: Da geht die Mär, im Biobereich gibt es keine Futterzusatzstoffe. Quatsch! Futterzusatzstoffe sind Substanzen, die dem Futter zugesetzt werden, um einen bestimmten Zweck zu erreichen, der über die reine Lieferung klassischer Hauptnährstoffe (zum Beispiel Eiweiß) und Nahrungsenergie hinausgeht. Das wäre zum Beispiel ein Konservierungsmittel oder ein Probiotikum, aber auch Vitamine und essenzielle Spurenelemente. Die werden praktisch flächendeckend in das Tierfutter eingemischt, wie etwa Selen und Jod, und zwar ganz einfach deshalb, weil Österreich (vor allem der Alpenraum) aus geologischen Gründen ein Mangelgebiet ist und Tiere sonst krank werden würden – egal ob ›bio‹ oder ›konventionell‹.

Manche Futterzusatzstoffe können bei unsachgemäßer Anwendung – außerhalb ihrer geprüften Zulassung – Unheil anrichten. Die können den Anwender schädigen, sie können das Tier schädigen und Rückstände in dem Tier erzeugen. Und deshalb darf man das Landwirten nicht so einfach in die Hand geben. Man muss einen kontrollierten Umgang haben. Dafür gibt es Regelungen, eine EU-Gesetzgebung, und die gilt für alle. Sämtliche Futterzusatzstoffe müssen vor ihrer Zulassung eine strenge Sicherheitsprüfung über sich ergehen lassen (egal ob ›bio‹ oder ›konventionell‹). Und dann erfolgt die Zulassung auch immer nur für eine bestimmte Dosierung, eine bestimmte Tierart und innerhalb der Tierart für eine bestimmte Nutzungskategorie. So sind beispielsweise manche Futterzusatzstoffe für Masthühner zugelassen, nicht jedoch für Legehennen, und umgekehrt. Diese Zulassung findet dann in einer E-Nummer ihren Niederschlag. Die E-Nummer ist also keineswegs ein Gefahrenhinweis, sondern Ausdruck einer erfolgreich überstandenen Sicherheitsprüfung (die ach so guten Probiotika haben auch E-Nummern!). Was in der EU als Futterzusatzstoff nicht zugelassen ist, darf in der Landwirtschaft auch nicht verwendet werden und darf auch im Lebensmittel keine Spuren hinterlassen haben. Die Lebensmittelkontrollbehörden prüfen das sehr genau, insbesondere bei Lebensmitteln, die über den Weltmarkt in den EU-Raum importiert werden. Sobald sich ein Hinweis ergibt, dass bei der Erzeugung ein Zusatzstoff verwendet wurde, der in der EU für die jeweilige Tierart und Nutzungskategorie nicht zugelassen ist, wird der Import verweigert, und wenn der Stoff noch so ›natürlich‹, ›bio‹ oder ›ethno‹ ist.

Futterzusatzstoffe sind ja auch segensreich. Wenn man sich überlegt, wir haben letztes Jahr eine Studie über den Selengehalt in der steirischen Bevölkerung durchgeführt, am Blutplasma von Tausenden Menschen. Vor 20 Jahren war das noch ein eklatantes Selenmangelgebiet. Mittlerweile ist der Selenpegel zu einem Bereich angestiegen, wo man sagen kann: normale Selenversorgung. Der Grund ist, dass seit etwa 15 Jahren die Selenversorgung über das Mineralfutter der Tiere besorgt wird, durch eine gute fachliche Praxis. Und auch in Biobetrieben. Fleisch ist ja einer der wichtigsten Selenlieferanten für die Bevölkerung! Also: Ein sinnvoller Futterzusatzstoff, den man flächendeckend einsetzt, der tut der Bevölkerung was Gutes. So kann man ein Mangelgebiet zu einem normalen Gebiet verändern. Das kommt aber alles aus der Forschung, aus der ›konventionellen‹ Sicht.

Bei ›bio‹ wird das einfach verschwiegen. Man behauptet, es seien keine Zusatzstoffe drin. Da kommt dann immer das Argument von Leuten aus der Stadt: Na, früher hat man das ja auch nicht gehabt. Doch früher waren die Tiere häufig krank: Man hat keine Spurenelemente zugesetzt. Wenn man die alten Veterinärmedizinbücher hernimmt, die strotzen von Bildern über die Auswirkung von Kupfermangel, Eisenmangel, Zinkmangel. Außerdem haben die Tiere ein ganz anderes Leistungsniveau gehabt. Die haben viel weniger wachsen müssen, viel weniger Milch produzieren müssen. Heute müssen sie ein Vielfaches leisten, aber das heißt, sie müssen auch ein Vielfaches an Nährstoffen zu sich nehmen. Wenn da mehr Muskel angesetzt wird und dort mehr Milch rauskommt, dann muss ich vorne auch dieses und das hineintun. Ich kann nicht Materie aus nichts erzeugen. Ich muss immer mehr reinstecken, als dann am Körper hängen bleibt. Nun ist der Verdauungstrakt nicht größer geworden. Also muss man zu anderen Mitteln greifen.

Dazu gibt es Mischfutterhersteller, die den Biobereich beliefern, und die dosieren nach allen Regeln der Kunst. Und zwar wie bei allen anderen auch, da gibt es keinen Unterschied. Bei ›bio‹ kostet es mehr, weil die Komponenten teurer erzeugt werden. Auch sie müssen Vitamine zusetzen, sonst würden sie heftige Fruchtbarkeitsprobleme bei ihren Tieren haben. Vielleicht werden manche Dosierungen knapper gehalten, aber irgendwo trifft sich die Physiologie, die zwischen ›bio‹ und ›konventionell‹ keinen Unterschied macht und die sagt: Wenn du das nicht machst, wird das Tier krank. Egal, ob es in einem ›heiligen‹ oder in einem ›unheiligen‹ Stall steht.«

Fremdes Soja als heimische Rettung

»Es gibt zwei wichtige Bereiche bei der Erzeugung von Lebensmitteln. Der erste sind die Kalorien, die das Tier aufnehmen muss – heute in einem viel höheren Maße, weil es ja ein Höchstleistungssportler ist. Der zweite ist das Eiweiß. Eiweiß ist nun sehr, sehr teuer, und an dem knabbern die Bauern. Unsere tierische Erzeugung beruht auf dem Import von Soja. Es gibt immer wieder Versuche, auch von Politikern, das kleinzureden, aber selbst wenn wir bei uns alles zusammennehmen, könnten wir nicht einmal 20 Prozent versorgen, der Rest ist die ›Sojalücke‹. ›Bio‹ bietet da wieder eine Scheinlösung. Sie sagen, sie wollen kein Soja haben, wollen mit lokal erzeugten Produkten arbeiten. Als ob das eine Alternative wäre! Die sind nur in geringen Mengen verfügbar. Wenn man also alles ›bio‹ machen würde, wären etwa 80 Prozent der Tiere weg.

Wir sind in eine Abhängigkeit geraten. Aber von der Illusion, alles selbst zu erzeugen, davon können wir uns verabschieden. Und das Ganze dann auch noch gentechnikfrei! Die künstliche Limitierung der Eiweißlieferung begrenzt ganz entscheidend die Produktivität im Biobereich.

Man braucht eben für das Funktionieren der Proteinsynthese ein bestimmtes Muster an Aminosäuren, insbesondere an essenziellen Aminosäuren, die man in genau dieser Form und Menge über die Nahrung aufnehmen muss. Pflanzliche Nahrungsmittel sind in ihrer Qualität ziemlich limitierend für bestimmte essentielle Aminosäuren. Deshalb hat der Fisch eine so hohe Qualität. Auch für den Menschen. Weil diese Dinge reichlich drin sind. Früher hat man deshalb Fischmehl verfüttert, doch das ist größtenteils verboten. Dann kam Tiermehl dazu, das ist auch verboten worden und ist es heute meist noch. Ganz streng wird das Intraspeziesverbot kontrolliert, das den ›Kannibalismus‹, also das Fressen arteigener Tiere, verhindert.

Dann hat man pflanzliches Protein verwendet, Soja. Das war auch die Geburtsstunde des großen Einsatzes an industriell hergestellten essenziellen Aminosäuren: Lysin, Methionin, Threonin und Tryptophan. Lysin, Threonin und Tryptophan werden über gentechnisch manipulierte Mikroorganismen hergestellt. Das ist im Biobereich nicht erlaubt. Dabei stammt die Erkenntnis mit den Aminosäuren aus der Humanernährung.

Aber bei biologischen Bausteinen wie den Aminosäuren muss man ein Problem lösen, nämlich, dass dieselbe chemische Substanz in zwei spiegelbildlichen Formen vorkommen kann, den so genannten D- und L-Stereoisomeren. Alle Lebewesen auf der Erde verwenden im Proteinstoffwechsel ausschließlich L-Aminosäuren, während fast alle D-Aminosäuren hochgiftig sind. Leider entsteht bei chemischer Synthese immer ein Gemisch aus D- und L-Aminosäuren, während man im Eiweiß irdischer Lebewesen immer nur die L-Aminosäuren findet. Das ist der Grund, warum man in der Herstellung der essenziellen Aminosäuren auf die Biotechnologie und gentechnisch veränderte Mikroorganismen setzt, denn hier können keine giftigen D-Aminosäuren entstehen. Die Biotechnologie und die gentechnisch veränderten Mikroorganismen geben uns also eine hundertprozentige Sicherheitsgarantie.

Beim essenziellen Methionin liegt die Sache ein wenig anders. Hier verfügen Tiere und Menschen über ein Enzymsystem, das die giftige D-Aminosäure derart rasch in die physiologisch adäquate L-Aminosäure umwandelt, dass man getrost größere Mengen der eigentlich hochgiftigen D-Form aufnehmen kann, ohne dass einem etwas passiert. Aus diesem Grund braucht man Methionin nicht unbedingt biotechnologisch ›wachsen‹ zu lassen, sondern kann es in der Chemiefabrik synthetisch herstellen und kann es dann als so genanntes DL-Methionin an die Tiere verfüttern. Der ›Verzicht‹ auf Biotechnologie und Gentechnik führt dazu, dass die ›fortschrittlichen‹ Anhänger des Biobereichs durchaus darüber diskutieren, DL-Methionin zumindest in der

Geflügelfütterung zu akzeptieren, denn in der Hühnermast und Eiproduktion leiden die Biobetriebe besonders stark unter der Eiweißlücke und der mangelhaften Eiweißqualität. Viele wissen jedoch nicht, dass die Methioninsynthese über einen besonders dreckigen und gefährlichen Syntheseweg läuft. Das ist nämlich die Technologie, die beim Chemieunfall in der indischen Stadt Bophal vor fast genau 25 Jahren schätzungsweise 25.000 Tote und bis zu 500.000 Verletzte forderte. Vor diesem Hintergrund erscheint das Lob der chemischen Synthese von DL-Methionin als saubere Alternative zur Gentechnik dann schon ein wenig sarkastisch.«

Blut-und-Boden-Denken

»Die Menschen werden einfach systematisch verarscht. Und mehr und mehr verbreitet sich dieses ›Blut-und-Boden-Denken‹. In der ›Grün‹-Bewegung kann man durchaus eine ›braune‹ Komponente entdecken. Immer wieder wird der belehrende Zeigefinger erhoben. Aber für diese fanatische Einstellung ist nur ein bestimmter Typ von Mensch, ein gewisser Prozentsatz, anfällig, etwa 15 bis 20 Prozent. Das war immer so und wird wohl immer so bleiben.«

8. Kapitel

Wer kassiert die Silberlinge?

Und wer soll das bezahlen?

Mit »bio« lässt sich gut verdienen. Nicht unbedingt als kleiner Biobauer, der eine Menge Geduld und Leidensfähigkeit aufbringen muss. Wer wirklich gut verdient, sind die Bioverbände und Biolobbyisten, Bioforscher, Bioinstitute. Und natürlich die Biokontrollstellen mit ihrer Biozertifizierung.

Allein für die Biozertifizierung werden in der EU 200 Millionen Euro jährlich ausgegeben, 1,5 Prozent des Verkaufsumsatzes. Da sind aber weder die Kosten der staatlichen Behörden, die sich mit »bio« beschäftigen müssen, noch die Verwaltungskosten (Personalkosten) der zertifizierten, kontrollierten Firmen eingerechnet! Wenn man bedenkt, dass ein durchschnittliches Lagerhaus (für Getreide, Futtermittel, Dünger, Pflanzenschutzmittel) an die 40 Kontroll- und Zertifizierungsverfahren oder Audits zu machen oder zu ertragen hat – und dass die Biozertifizierung auch noch parallel zur amtlichen Kontrolle abläuft, also doppelt gemoppelt wird, dann kann man das nur als einen absoluten Kontrollwahnsinn bezeichnen. Dafür zahlen Sie und ich, zahlen alle EU-Bürger geschätzte 600 Millionen Euro jährlich für Biobürokratie, nämlich die erwähnten 1,5 Prozent für Zertifizierungen, 1,5 Prozent für die Verwaltung und 1,5 Prozent Zuschuss für Firmen-Marketing. Gewaltig, wenn man bedenkt, dass damit die Einhaltung einer esoterisch begründeten Konvention kontrolliert wird, die keinen Beitrag zur Lebensmittelsicherheit leistet, da diese ja ohnehin durch entsprechende Gesetze und Normen gewährleistet ist.

Dann sind da die Bioverbände. Für die geleistete Öffentlichkeitsarbeit, Beratung und Organisation zahlte Österreich alleine 1,4 Millionen Euro, da sind aber die (parallel laufenden) Kosten der Bioberatung der Landwirtschaftskammern nicht inkludiert.

Nicht zu vergessen das Bio-Absatzförderungsprogramm, ein staatliches Marketing, das uns mit Zeitungsbeilagen, PR-Artikeln, Anzeigen, Broschüren, gesponserten Artikeln, TV-Beiträgen und was es sonst noch alles gibt, um Meinungen zu bilden, von »bio« überzeugen soll. Von 2004 bis 2010 wurden da nette Summen investiert, besonders bemerkenswert, wie viel das dem kleinen Österreich (im Vergleich zu Deutschland) wert war:

Österreich	3 Millionen Euro
Belgien	1,545 Millionen Euro
Tschechien	0,865 Millionen Euro
Dänemark	0,498 Millionen Euro
Deutschland	1 Million Euro
Frankreich	12,018 Millionen Euro
Italien	17,19 Millionen Euro
Niederlande	1,16 Millionen Euro
Polen	3,149 Millionen Euro
Slowenien	1,18 Millionen Euro
Spanien	2 Millionen Euro
Summe EU	**43,6 Millionen Euro**

Nur: Wenn man sich die Sachinhalte ansieht, die vermittelt werden (ein gutes Beispiel ist die Webseite Ökologische Landwirtschaft der EU [http://ec.europa.eu/agriculture/organic/home_de], nämlich Aufrufe zu biologischer Vielfalt, artgerechter Tierhaltung oder Entwicklung des ländlichen Raums: Da muss man feststellen, dass sie genauso für den konventionellen Landbau gelten). Also auch hier wieder: doppelgleisig gefahren, sinnentleert abkassiert. Dafür wurde jetzt auch ein neues Logo entwickelt, aber dazu mehr im zehnten Kapitel.

Nicht zu vergessen die Bioforschung. Auch hier wird investiert, als gäbe es kein Morgen, die Ergebnisse sind mäßig, die Projekte üppig. Für ein einziges Projekt, »Monitoring der Auswirkungen einer Umstellung auf den biologischen Landbau« (MUBIL), werden seit 2006 fast zehn Prozent der 5,3 Millionen Euro des österreichischen Forschungsbudgets des österreichischen Lebensministeriums ausgegeben. Rund zwölf Prozent der Projekte des neuen Forschungsprogramms und 6,6 Prozent der Projekte des alten Forschungsprogramms des Lebensministeriums beschäftigen sich mit »bio«. Wobei man bedenken muss, dass viele dieser Forschungsprojekte ja völlig überflüssig wären, wenn man die bereits erforschten und bewährten Dünger und Pflanzenschutzmittel, Futtermittel und medizinischen Hilfsmittel einsetzen würde!

Die neue Kirchensteuer

Wofür zahlt nun der Biokonsument (freiwillig) und der Steuerzahler (unfreiwillig) diese enormen Beträge, die von der EU, von Ministerien und Politikern so willig über Biobetriebe, Bioforschung, Biolobbying und Biolehrstühle ausgeschüttet werden? Und wer entscheidet, wer was von diesem üppigen Kuchen bekommt?

In Österreich bestimmt die Bioförderung das ÖPUL (Österreichisches Programm zur Förderung einer umweltgerechten, extensiven und den natürlichen Lebensraum schützenden Landwirtschaft). Hier bietet man ein Bündel von Maßnahmen an, das die Förderung umweltgerechter Landwirtschaft unterstützen soll: 88,5 Millionen Euro insgesamt, bei Ackerland für die gesamte Betriebsfläche pro Hektar 285 Euro. Wobei hier schon die erste

Frage auftaucht: Was ist denn nun umweltgerecht? Wer hier (werbegeschädigt) mit »bio« antwortet, irrt sich heftig.

Nehmen wir eine klimapolitisch und für die Bodengesundheit sinnvolle Maßnahme her, die Förderung für Zwischenbegrünungen: 68,6 Millionen Euro werden hier für die Kosten des Anbauens und Einarbeitens bezahlt, 130 bis 160 Euro je Hektar Begrünung. Biobauern können diese Förderung für Zwischenbegrünungen mit der Maßnahme »biologische Landwirtschaft« kombinieren, obwohl die Anlage von Zwischenbegrünungen mit Leguminosen eigentlich zum Grundhandwerkszeug des Biobauern gehört – wie in Kapitel fünf beschrieben, wird im Biolandbau Stickstoff über Leguminosenbau gesammelt. Laut Grünem Bericht erhielten die Biobetriebe 2008 durch solche Doppelförderungen weitere 50,4 Millionen Euro aus dem ÖPUL. Mit der Verbändeförderung (1,4 Millionen) betrug 2008 die Bioförderung für Bauern in Österreich 140,2 Millionen Euro. Deutschland gibts billiger mit 121 Millionen Euro (BMELV).

Noch ein kleines Schmankerl für österreichische Leser: Landwirtschaftsbetriebe der Gemeinde Wiene sind in vier Einheiten geteilt (vier Gutshöfe von Groß Enzersdorf, Waldviertel bis zum Cobenzl). Da die Gemeindegutshöfe keine ÖPUL (keine Bioförderung) bekommen, sondern nur EU-Direktzahlungen, sind die Betriebe zwar sicher defizitär, werden aber über das Wiener Gemeindebudget »unsichtbar« quersubventioniert, also wieder einmal vom ahnungslosen Steuerzahler.

Mit den Agrarumweltförderungen sollten, den Prinzipien der ländlichen Entwicklungspolitik der EU folgend, Mehraufwand und Mindereinnahmen abgegolten werden. Faktum aber ist, wie bereits erwähnt, dass der Betriebsmittelaufwand bei »bio« geringer ist als bei »konventionell«. Der Arbeitsaufwand im Bioackerbau ist zwar 0,9 Stunden höher als im konventionellen (entspricht 13 Euro pro Hektar nach Maschinenringtarif), und die Erträge im

Biolandbau sind, wie auch schon öfter dargelegt, zwar deutlich niedriger, die Preise aber heftig höher: Die Preise für Bio-(Ackerbau, Kartoffel, Gemüse) sind fast dreimal so teuer wie konventionelle Produkte. Wieso dann Mindereinnahmenabgeltung?

Das Nachsehen haben die Bauern, die viele dieser biologischen Maßnahmen für Brimborium halten und sich der umweltgerechten Bewirtschaftung (UBAG) und der IP (integrierten Produktion) verpflichtet fühlen, den konventionellen Pendants zu »bio«, womit man echte nachhaltige Produktionsweisen durchzusetzen versucht: Sie erhalten für vergleichbare Umwelt- und Extensivierungsleistungen im Ackerbau um bis zu 70 Prozent weniger Unterstützung!

Beipiele:	»konventionell«	»bio«	
UBAG	85 Euro/Hektar	Bio Ackerbau	285 Euro/Hektar
IP Feldgemüse	150 Euro/Hektar	Bio Feldgemüse	450 Euro/Hektar

Die Tricks mit dem Klingelbeutel

Obwohl man in der Biofraktion ständig unbewiesene Behauptungen aufstellt und viel darum gäbe, nein, gibt, endlich ein wissenschaftlich fundiertes Testergebnis auf den Tisch knallen zu können, kann man nicht beweisen, dass Bioprodukte sich prinzipiell von konventionellen unterscheiden. So hat man sich also andere Gründe einfallen lassen müssen, warum »bio« mehr kosten darf. Zum Beispiel die Kontrollen.

Obwohl es strenge Legensmittelgesetze gibt, obwohl die Sicherheit der Nahrungsmittel in unseren Breiten noch nie so weitgehend war (100 Prozent gibt es ja nicht), obwohl Tierschutzgesetze das Wohl der Kühe, Schweine und Hühner heute bereits gut überwachen (nicht zuletzt dank den Forderungen aus der Biobewegung, das muss auch wieder gesagt werden), mussten da noch eigene Kontrollen her. Und nicht nur eine, nein, gleich zwei oder drei, denn da sich Politiker gerne mit »bio« schmücken, um das Wahlvolk mit Naturverbundenheit zu beeindrucken, erfand man noch zusätzliche Kontrollen zu den Zusatzkontrollen. Schätzungsweise 1000 Personen beschäftigen sich alleine in Österreich mit der Bioverwaltung. Das bedeutet 50 Millionen Euro. In Deutschland werden so 270 Millionen Euro verbraten. Dazu kommt sinnlos verschwendete Arbeitszeit in der Verarbeitung, in den Handelsbetrieben und auf den Bauernhöfen im Wert von weiteren 100 Millionen Euro. Und das zahlen Sie und ich, ohne irgendeinen Nutzen davon zu haben.

Wie wird nun für unser Geld kontrolliert – wohlgemerkt zusätzlich zu den ebenfalls von uns finanzierten Lebensmittelkontrollen, den Pestizidtests und Fleischkontrollen, den tierärztlichen und Umweltverträglichkeitsprüfungen?

Zuerst einmal wird der Kontrolleur kontrolliert: Die Biokontrollstellen müssen die Bedingungen der EU-Verordnung 834/2007 und der Europäischen Norm EN 45011 (Qualitätsanforderungen für Zertifizierungsstellen) erfüllen. Die EU sieht vor, dass die biologische Produktionsweise nicht direkt staatlich geprüft wird (das geschieht nur bei der Bioförderungsvergabe in Österreich durch die AMA), sondern durch private Kontrollstellen. Diese müssen dafür durch das Bundesministerium für Gesundheit oder von den Landeshauptleuten zugelassen und durch das Wirtschaftsministerium akkreditiert werden. Für die Beibehaltung der Akkreditierung ist dann die Einhaltung der EN 45011 Voraussetzung, was wieder durch private Auditoren überprüft wird, die ihrerseits wieder zugelassen sein müssen. Die Kontrollstelle (= Zertifizierungsstelle) zertifiziert wiederum Biobauern, Verarbeiter et cetera.

So werden der Biobauer, der Verarbeiter und der Vermarkter ständig unter die Lupe genommen. Sie alle unterliegen diesem vielschichtigen, EU-weiten Kontrollsystem. Neben der jährlichen vollständigen Besichtigung der Betriebseinheit kann die Kontrollstelle auch noch unangekündigte Inspektionsbesichtigungen durchführen. Kontrolliert wird aber ausschließlich, wie erwähnt, ob der Betrieb den Erfordernissen der EU-Verordnung entspricht, nicht, was dabei herauskommt: Ob, was und wie viel auf dem Acker geerntet wird, wird nicht kontrolliert.

Bei Bio-Kontrollen sind besonders betroffen:
- Einsatz von ausschließlich erlaubten Betriebsmitteln (Futter, Dünger, Saatgut und so weiter);
- Tauglichkeit der Ställe hinsichtlich Bewegungsfreiheit, Klima und Licht;
- Gewährung des geforderten Auslaufes;
- Herkunft der Erzeugnisse und Verarbeitungsprozesse (bei verarbeitenden Betrieben);
- Bei den Be- und Verarbeitungsbetriebe wird überwacht, dass die zu verarbeitenden biologischen Rohstoffe nicht mit konventionellen vermischt werden (zum Beispiel beim Verpackungsprozess) und dass keine verbotene Zutaten landwirtschaftlichen und nicht landwirtschaftlichen Ursprungs oder verbotene Verarbeitungshilfsstoffe eingesetzt werden.

Sowohl Landwirte als auch Verarbeiter müssen Aufzeichnungen führen: so muss der Bauer zum Beispiel alle angekauften Betriebsmittel aufzeichnen, einen Anbauplan für das nächste Jahr vorlegen und ein Stallbuch führen, in dem der vom Tierarzt verordnete Medikamenteneinsatz eingetragen werden muss. Der Be- und Verarbeiter muss über seine An- und Verkäufe Buch führen (= Mengen- und Herkunftskontrolle).

Wie wird man überhaupt kontrollierter Biobauer? Und wie oft wird kontrolliert?
- Nachdem man sich bei einem Berater Informationen über die branchen- spezifischen Verarbeitungsrichtlinien, für Bioprodukte, Import und Handel geholt hat, unterzeichnet man den Bio-Kontrollvertrag;

- Danach gibt es eine gründliche Erstkontrolle durch die entsprechende Kontrollstelle;
- Normalkontrolle gibt es einmal jährlich;
- zusätzliche Stichprobenkontrollen sind möglich;
- Beim Auftreten von Mängeln werden Fristen für die Behebung der Abweichungen vereinbart;
- Passt alles, wird ein jährliches Produkt- oder Geltungsbereich-Zertifikat ausgestellt.

Lieb und teuer

Sind sie nicht lieb, unsere Biobauern? Opfern viel Land für die sensible Rind-, Schweine- und Hühnerseele, kennen jedes Tier bei Namen und schauen beim Schlachten lieber weg, sparen sich das teure Biofutter vom Munde ab und verzichten auf schnöden Mammon zugunsten von heiler Welt und glücklichem Viehbestand. Klein und fein.

Nun, solche Bauern gibt es wirklich. Allerdings auch solche IP-Bauern oder ganz »normale« Bauern. Doch dass Biobauern automatisch Kleinbauern sind und ein niedrigeres Einkommen als ihre »geldgierigen Kollegen« haben, ist eine Mär.

Die letzte Erhebung von Eurostat zeigt, dass in der EU Biobetriebe im Schnitt mehr als doppelt so groß sind (38,7 Hektar) wie konventionelle (16 Hektar). Insbesondere in Tschechien und der Slowakei ist »bio« eine Gutsbetriebsform. Im Schnitt bewirtschaften tschechische Biobetriebe über 300 Hektar, slowakische Biogutsherren über 460 Hektar. Für den Export zu den zahlungswilligen Biokäufern in Österreich und Deutschland.

Regelrechte Biolatifundien gibt es in Australien mit 12,6 Millionen Hektar Biofläche – und in Südamerika. Argentinien ist mit 2,2 Millionen Hektar Biofläche das zweitgrößte Biobauernland der Welt, obwohl die Argentinier selbst beim Konsum offensichtlich wenig vom esoterischen Biobrimborium halten und ihre nach EU-Recht biozertifizierten Produkte lieber hochpreisig in die EU exportieren. China ist mit 2,3 Millionen Hektar Biofläche der drittgrößte Bioproduzent der Welt, und auch hier wird »bio« als Exportschlager genützt, 98 Prozent der Produktion werden exportiert. Sich »bio« zu ernähren, kann oder will sich auch dort fast niemand leisten. Ein argentinischer Biobauer bewirtschaftet im Durchschnitt zirka 2200 Hektar. In den Schafzuchtgebieten Patagoniens haben die Biobetriebe im Schnitt sogar 50.000 bis 120.000 Hektar! (Zum Vergleich: Kärnten hat eine Fläche von 95.000 Hektar, Berlin 89.000 Hektar.)

In Österreich ist natürlich alles kleiner, aber Biobetriebe sind auch hier im Schnitt hart am Kommerz orientiert: Die landwirtschaftliche Nutzfläche der Biobetriebe ist im Schnitt um 25 Prozent größer (24 Hektar) als der Durchschnitt der landwirtschaftlichen Betriebe (19 Hektar, Daten inklusive Almen ohne Wald), es gibt einige Biobetriebe mit mehr als 100 Hektar. Und Biohöfe halten im Schnitt gleich viele Tiere wie der Durchschnitt viehhaltender landwirtschaftlicher Betriebe. In Deutschland gibt es einige Biogroßbetriebe mit über 1000 Hektar landwirtschaftlicher Nutzfläche und mehreren hundert bis tausend Stück Vieh in ihren Ställen.

Mehr für weniger

Wir leisten es uns jedenfalls, mit unseren beschränkten Landwirtschaftsböden äußerst verschwenderisch umzugehen, indem wir mit Biolandbau große Ernteeinbußen in Kauf nehmen. Was wir dann mit unser aller Steuergeld teuer ausgleichen. Hier eine kleine Tabelle, die den Bioertrag als Prozentsatz von konventioneller Ernte darstellt:

Soja	85 Prozent
Weizen	70 Prozent
Durumweizen (Nudeln), Roggen, Gerste	54 Prozent
Hafer, Dinkel	57 Prozent
Kartoffeln	51 Prozent
Körnererbsen	28 Prozent
Ackerbohne	18 Prozent

Bei Soja erntet man also um 15 Prozent, bei der Ackerbohne sogar um 82 Prozent weniger! Ein besonders gutes Beispiel sind auch Kartoffeln. Der Bioertrag ist um 40 Prozent niedriger, aber davon sind nochmals 40 Prozent nicht für den Handel geeignet, weil sie unter anderem Schorfflecken oder Stiche von Drahtwürmern aufweisen, die bei konventionellen Kartoffeln dank der Pflanzenschutzmittel kaum vorkommen. Diese zweite Qualität muss, obwohl prinzipiell konsumfähig, es sind ja nur oberflächige Verfärbungen, weggeworfen werden, weil Supermärkte gefleckte Kartoffeln dem Konsumenten nicht zumuten können/wollen. Wenn aber 40 Prozent der nicht schönen, aber essbaren Kartoffeln auf den Mist kommen, führt sich alle Energieeffizienz und CO_2-Bilanz ad absurdum. Wenn dann noch, wie von der Marke »Zurück zum Ursprung« von Hofer gefordert wird, nicht einmal Biodünger und auch kein Kupfer verwendet werden darf, fällt der Ertrag womöglich auf unter zehn Prozent, wie das dann ähnlich auch anderswo mit Obst und Gemüse passiert.

Diesen belegbaren Zahlen wird von Biovertretern heftig widersprochen.

Und trotzdem werden horrende Summen an Subventionen kassiert, die eigentlich nicht sein dürften. Wenn nämlich, wie immer behauptet wird, der Konsument unbedingt »bio« will, müsste sich der (angeblich nicht vorhandene) Minderertrag erst recht über den Mehrpreis rechnen. Ganz sicher wollen jedenfalls die Handelsketten »bio«, weil die 40 Prozent Handelsspanne bei Bioware wesentlich höher ist als bei konventionellen Produkten, und der Bauer nur einen Teil des Mehrpreises bekommt.

Auch vom EU-Beihilfenrecht her gesehen sollten Subventionen nur den Ertragsausfall und damit den Verdienst der Biobauern gegenüber der konventionellen Landwirtschaft ausgleichen. Tatsächlich wird »bio« übertrieben gefördert. Diese Überförderung ist ein wesentlicher Stimulus: So wird der Handel ausreichend mit Bioware versorgt, um seine Markenprogramme zu fahren und dadurch höhere Spannen zu erzielen. Wobei man da einmal genau hinschauen sollte: Der Handel ist vorsichtig, hat sich eine Hintertür eingebaut. Denn »Ja, natürlich«, »Natur Pur«, »Zurück zum Ursprung« sind Handelsmarken und keine Biomarken. Wenn die Bioblase also doch einmal platzen sollte, kann man diese Marken schnell auf Regionalität umpolen.

Begründet wird die Subventions(un)gerechtigkeit bei »bio« unter anderem auch mit der Biofruchtfolge, bei der Flächen mit Kleegras oder Luzerne bestellt werden sollen, um Stickstoff in den Boden zu bringen: ertraglose Äcker, die brav bezahlt werden und die mit »grauslichem«, synthetisch-chemischem Kunstdünger, richtig dosiert, gut nutzbar wären und realen Ertrag brächten.

Was kostet ein gutes Bauerngewissen?

Auch Biobauern werden gnadenlos abgezockt. Für die Dienste der staatlich autorisierten Biokontrollstellen müssen die Biobauern in Österreich je nach Region zwischen 120 und 638 Euro pro Jahr zahlen. Dazu kommen noch Mitgliedsbeiträge, um zu einem der 14.000 Mitglieder im Dachverband Bio Austria zu zählen: Gemeinsam mit der Bioförderung, die vom Handel und den Kontrollverbänden kassiert und vom Steuerzahler finanziert wird (der dafür bei jedem Kilo Brot zehn bis 15 Cent zusätzlich zum erhöhten Marktpreis zahlt), eine wunderbare

Möglichkeit, über Umwege staatliche Förderungen in die Kassen der Bioverbände fließen zu lassen. Die betreiben mit diesen »Silberlingen« dann Lobbyismus statt wissenschaftlicher Auseinandersetzung mit naturverbundener, fairer, umweltschonender Landwirtschaft.

Biobauern zahlen enorm für nur mäßig oder gar nicht wirksame »Hilfsstoffe«, wie das so schön heißt. Zum Beispiel für das Pflanzenstärkungsmittel »Life Biofruit/Biovegetable« aus destilliertem Wasser, Alkohol und Informationsenergie, oder Thomasmehl, das als Phosphat, und nichts anderes ist es, wesentlich billiger wäre. Pflanzenstärkungsmittel brauchen übrigens in Österreich keine Zulassung, in Deutschland müssen sie gelistet sein.

Biobauern zahlen also für die Zertifizierung pro Jahr EU-weit etwa 200 Millionen Euro, sie zahlen wie schon erwähnt für ihre Mitgliedschaft in Bioverbänden, und sie zahlen in Ernteerträgen drauf (was ihnen allerdings durch höhere Verkaufspreise größtenteils abgegolten wird).

Kapitalismus statt Idealismus

Dass man in den westlichen Staaten, Besserwisser wie schon seit Jahrhunderten, Forderungen nach globaler Biodiktatur stellt, ist ja eine ganz besondere Ausformung von Hoffart. Zwar stimmt es, dass wissenschaftliche Versuche und Studien in Afrika und Asien gezeigt haben, dass der Biolandbau dort höhere Erträge ermöglicht als die normale Landwirtschaft. Aber nicht wegen »bio«, sondern weil Stickstoffsammlung mittels Leguminosen und Gülle und ein vernünftiges Phosphormanagement natürlich mehr Ertrag bringen als dort oft noch praktizierte Steinzeitmethoden.

Was wieder einmal nicht stimmt an diesen Zitaten, ist die unlautere Behauptung, »bio« hätte besser abgeschnitten als »eine industrielle Landwirtschaft mit teurem Input wie Hochleistungssaatgut, Dünger und Pflanzenschutzmitteln, den sich die Menschen nicht leisten können«. Richtig, sie konnten und können sich das nicht leisten. Daher gab es auch keine reale Vergleichsmöglichkeit. Wenn man die Untersuchung mit den behaupteten »fast 300 Versuchen und Studien« etwas genauer liest, muss man feststellen, dass von den 208 (!) Projekten, die Pretty and Hine 2001 untersuchten, nur 14 »bio« sind. Der Rest ist einfach ein pragmatischer Umgang mit für Afrika innovativen Produktionsmethoden, wie der bekannte Nutzen von Leguminosen zur Stickstoffsammlung und natürlichen Pflanzenschutzmethoden (dort ist gegenüber den herkömmlichen Methoden sogar »bio« ein Innovationsschub). Teils werden aber sehr wohl kommerzielle Pestizide eingesetzt, wenn nicht, dann meist deshalb, weil man sie sich nicht leisten konnte. Daraus sind keine signifikanten Effekte für »bio« abzuleiten, sondern einzig und alleine, dass in Afrika *jede* Innovation Ertragssteigerungen bringt. Auch das Update 2006 dieser Studie änderte nichts an diesen Fakten.

Eine andere, gern zitierte Studie (UNCTAD) zu dem Thema kann ganze 15 (!) »narrative Case Studies« vorweisen. Auch von denen entsprechen nur ein paar den Bioregeln, die wir in Europa vorschreiben. Diese Fallstudien betreffen außerdem meist Baumwolle, Cashew Nuts and Gemüse, die für den Export in den EU-Markt produziert werden.

Um solche Untersuchungen zu schönen, greift man ganz gerne auf die Erfolge von IP-Methoden zu, die mit Stickstoffsammlern, neuem Güllemanagement und chemischem Pflanzenschutz arbeiten. Die werden, wie es gerade passt, einmal der Biogemeinde, ein anderes Mal den bösen Bauern zugerechnet. Ein Großteil des landwirtschaftlichen Erfolges in den Lieblingsuntersuchungen von globalen Biokämpfern ist also nicht durch die Biomethoden zu erklären, sondern durch die Nutzung von modernem landwirtschaftlichem Know-how, aber auch Erosionsschutzmaßnahmen oder modernisierter Energie- und Wasserwirtschaft.

Das Potenzial für Ernährung oder Biomasse wird jedenfalls durch Biomethoden nur ungenügend genutzt. Und man bemüht sich auch nicht, wirklich etwas dagegen zu tun, weder lokal noch global: Dass im Biolandbau heute durchschnittlich weniger geerntet wird, hat auch damit zu tun, dass in den vergangenen Jahrzehnten so gut wie keine Forschungsmittel aufgewendet wurden, um diese Methode gemäß ihrer Potenziale, die ja da sind (siehe IP!) zu entwickeln. Geforscht wird schon, doch vor allem, um Beweise für die selbst aufgestellten Gesetze und um Gegenargumente für anders lautende Ergebnisse zu finden. Wie meinte Frau Renate Künast, von 2001 bis 2005 Deutschlands Bundesministerin für Verbraucherschutz, Ernährung und Landwirtschaft, so bar jeden Wissenschaftsverständnisses sinngemäß: »Wenn wir bis heute noch keine Unterschiede zwischen ›bio‹ und ›konventionell‹ beweisen konnten, dann muss halt so lange geforscht werden, bis wir welche finden!« Aha.

Auch die Energiebilanz gehört zu einem fairen Aufrechnen der Umweltverträglichkeit. Und auch hier kann »bio« nicht wirklich punkten. Die beste Energiebilanz hat, laut einer Arbeit am Landtechnikinstitut der BOKU 2009, ein konventioneller Betrieb mit Tierhaltung (Stickstoffversorgung über Gülle), nämlich den 12,8-fachen Output an Energie (im Vergleich zur eingesetzten).

Mit Stickstoffkunstdünger ist die Bilanz schlechter, aber noch immer hoch positiv: 8,7-facher Output. Wenn bei »bio« die wegen der Fruchtfolge leeren Jahre gerechnet werden, liegt der Output von konventionellen Betrieben beim 10,5-fachen, also ist »bio« dem konventionellen Betrieb mit Gülleeinsatz deutlich unterlegen.

Im Zuge der Machbarkeitstudien zu Biosprit wurden immer wieder Studien über landwirtschaftliche Produktionspotenziale ausgearbeitet. Ein Resultat war, dass eine Ernährung der Weltbevölkerung auf der Basis von 100 Prozent biologischer Produktion und Tierhaltung nur dann möglich ist, wenn einerseits die Weltagrarfläche um 20 Prozent erhöht wird, und außerdem die Menschheit ihren Fleischkonsum um zirka 45 Prozent einschränkt. Angesichts der Agrarstrukturierungsprogramme in Südamerika und Afrika ist die Erweiterung der Produktionsflächen kaum denkbar. Wie realistisch die Umstellung des globalen Ernährungsverhaltens auf Fleischverzicht ist, soll nicht weiter kommentiert werden. Global weniger Fleischkonsum heißt nämlich vor allem, dass sich Amerikaner und Europäer stark, und angesichts des Nachholbedarfs in Asien noch stärker, einschränken müssten. Ein Wunschtraum.

9. Kapitel

Das unsichtbare Böse

Eine kurze Geschichte der Gentechnik

Seit jeher hatten fortschrittliche Ideen es schwer, sich gegen die oft total irrationalen Ängste von »Beharrern und Bewahrern« durchzusetzen. Wäre ihnen das nicht immer wieder gelungen, hätten wir heute weder elektrisches Licht noch den Röntgenapparat, hätten wir keine Eisenbahn (»Alles, was sich schneller fortbewegt, als der Mensch laufen kann, verursacht Ohnmacht und Atemnot«), geschweige denn den Flugverkehr. Und damit sind wir mittendrin in der heutigen weltweiten Diskussion um die Genforschung.

Maschinenstürmer haben mechanische Webstühle zerdroschen, weil diese ihnen die (unterbezahlten, menschenunwürdigen) Arbeitsplätze wegnahmen. Mikrowellenherde: ein Quell der urbanen Märchen. Wer braucht schon ein Handy?, meinte man vor gar nicht so langer Zeit; prompt tauchten bei dessen Erfolg Befürchtungen auf, geheimnisvolle Strahlen könnten sich auf das Gehirn auswirken, ebenso wie die Sendemasten auf die Nervenzellen. Bis heute immer wieder getestet, immer wieder als harmlos erkannt, immer wieder verdächtigt – doch sogar bei Ärzten wird mittels Plakaten in den Praxen davor gewarnt.

Gentechnik: der Untergang der Menschheit! Fürchtet euch! Ängstigt euch! Böse Wissenschaftler arbeiten an der Zerstörung alles bekannten, natürlichen Lebendigen! Teuflische Forscher rotten Pflanzen und Tiere aus! Eine Weltverschwörung nimmt aus Gier das Ende der Welt in Kauf! Und: Wos brauch i des? All das kann man, leicht umformuliert, immer wieder hören und lesen.

Nun, dass Gentechnik nützlich ist, erkannten Menschen bereits vor 8000 Jahren im heutigen Mexiko, wo zur Züchtung das Erbgut von Teosinte-Getreide durch Kombination mit natürlich vorkommenden Mutationen so verbessert wurde, dass die Vorläufer der heutigen Maissorten entstanden. Dadurch wurde nicht nur der Ertrag erhöht, sondern auch eine Pilzresistenz entwickelt. Wo immer auf der Welt der Mensch sesshaft wurde, züchtete er aus Gräsern Korn, Nutztiere aus Wildtieren. In Jahrtausende dauernder Auswahl.

Mitte des 19. Jahrhunderts entdeckte der Augustinermönch Mendel an Erbsen Vererbungsgesetze, man ging also schon gezielter an die Züchtungen heran. 1909 erfindet ein Däne, Wilhelm Johannsen, die Bezeichnung Gen und spricht von Genotypus (die Erbanlagen) und Phänotypus (das Erscheinungsbild, das Resultat aus Erbanlagen und Umwelteinflüssen). 1938 beginnt die Molekularbiologie, 1953 entdeckt man die Bausteine des Lebens, DNS, 1973 übertragen Forscher erstmals DNS von einer Lebensform in eine andere, kombinieren Bakterien und Viren. 1976 gründen Herbert Boyer und Robert Swanson »Genentech«, die erste Genfirma. Eine synthetische Version des menschlichen Insulingens wird konstruiert, 1982 kommt gentechnisch hergestelltes humanes Insulin auf den Markt, ein Segen für Diabetiker. 1983 wird das Aidsvirus (HIV) isoliert, schon ein Jahr später sind seine Erbanlagen vollständig aufgeklärt. 1985 gelingt dem Engländer Alec Jeffreys erstmals die Analyse eines genetischen Fingerabdrucks, seit damals müssen Straftäter auch nach Jahren noch Entdeckung und Überführung durch die Untersuchung kleinster Hautpartikelchen an verräterischen Stellen fürchten.

Und dann geht es so richtig los mit der Gentechnik: Gentechnisch veränderte Pflanzen mit Resistenzen gegen Viren, Insekten und Bakterien werden getestet. 1988 wird das erste Patent für ein genetisch verändertes Tier – die »Harvard-Krebsmaus«, die bei der Untersuchung von Tumorkrankheiten helfen soll – erteilt. 1994 erhält das erste gentechnisch veränderte Nahrungsmittel, eine Tomate, die Zulassung, im Juli 1996 klonen Ian Wilmut und Keith Campbell das Schaf »Dolly«. Zwei Jahre später geht ein Wurm als erstes komplett entschlüsseltes Genom eines kompletten Tiers in die Geschichte ein, den zweiten Platz schafft 2000 die Fruchtfliege.

Und es geht rasend schnell weiter, immer mehr Firmen, immer mehr Wissenschaftler, immer mehr Institute beschäftigen sich mit dem offensichtlich zukunftsbestimmenden Thema. Was Gengegner automatisch auf einen verlorenen Posten setzt: Diese Erkenntnis der Wissenschaft lässt sich nicht mehr ungeschehen machen, das Wissen nicht vergessen. Man kann allerdings die Forschung verlangsamen. Durch besondere Gesetze und Auflagen, die mehr der Angst der Menschheit vor Neuem das Wort reden als dem gesunden Menschenverstand. Und damit den Fortschritt, den negativen und den positiven, sinnlos aufhalten und jede vernünftige Auseinandersetzung zunichte machen.

Immer wieder wissen es uninformierte Gengegner besser: »Bis jetzt gab es keinen Anlass, Gentechnik in Österreich zu verwenden, GVO-Mais bringt keinen Mehrertrag oder bessere Qualität.« Nun, bis jetzt mag es stimmen. Aber die rückwärts gewandten Biojünger haben offenbar noch nie etwas vom Maiszünsler und Maiswurzelbohrer gehört, über den Balkan aus den USA eingeschleppt. Wenn der sich breit macht – und das tut er zunehmend, hat schon die Südsteiermark erreicht, prescht fröhlich nach Norden vor und wird bald die Alpen überspringen –, bricht der Mais felderweise zusammen.

Wird der Biobauer nun von diesen Biestern überrascht (die Warnung hat er ja nicht gehört), dann kann (muss) er entweder in Zukunft auf Maisanbau verzichten, kann daher seine Tiere nicht mehr füttern und muss auch auf sie verzichten – Vegetarier werden jetzt zufrieden brummeln –, oder er beizt die Maissaat. Und gefährdet damit die Bienen, die gerade zu der Zeit, wo diese Beizmittel in der Luft abdriften können, ausschwärmen. Genmais ist resistent gegen Maiszünsler und Maiswurzelbohrer, schont also die Bienen und die Umwelt – aber er ist genmanipuliert, ein infernalisches Gewächs, das Böse in Kolbengestalt. Obwohl der Wirkstoff im Genmais der des Bazilluss Thuringenses (Bt) ist, der, wie schon erwähnt, im Biolandbau tonnenweise ausgebracht wird.

Das Ziel der Genforschung bei Pflanzen ist heute eben die Vermeidung von Herbiziden. Heute konzentriert man sich zum Beispiel auf Forschungsgebiete wie die Widerstandsfähigkeit gegen Trockenheit, Pilzbefall, Abbau von Giftstoffen, Verbesserung der ernährungsphysiologischen Qualität. Herbizidresistenz ist, wie gesagt, eine veraltete Technik, etwa so, wie wenn man heutzutage analoge Telefone mit Wählscheibe bauen würde.

Ein beliebtes Horrorszenario, immer wieder zitiert, immer wieder zur Abschreckung und als Kampfsymbol benützt: Transgene Organismen – also das Zusammenbringen von Genen unterschiedlicher Arten, etwa das Einsetzen eines Gens des Störs in die Tomate, um daraus die Antimatschtomate zu kreieren. Auch das wurde forschungshalber probiert und erwies sich als nicht zielführend, wird also nicht mehr angewandt. Vielmehr werden immer mehr Gene der gleichen Art ausgetauscht (cisgene Organismen). Und genau das fördert den Erhalt alter und seltener Pflanzensorten und trägt somit zum Erhalt der Biodiversität bei. Aber hier wird wieder einmal Polemik der schlimmsten Sorte betrieben, das grundsätzliche Instrumentarium der Gentechnik mit der konkreten Anwendung im Einzelfall verwechselt. Wobei auch die »Horrorvorstellung« von abstrusen Fischtomaten oder

Rindern mit Känguruverdauung zur Furzverhinderung so unnatürlich, wie sie hingestellt wird, gar nicht ist. (Siehe ein Gespräch weiter unten.)

Gerade der verbissene Kampf so mancher grüner Organisationen gegen die bereits veraltete Genmodifizierung verhindert eigentlich die Innovation und die Ablöse alter Techniken und spielt damit indirekt Konzernen wie Monsanto in die Hände, schafft unnötige Abhängigkeiten von Großkonzernen: Wissenschaftler von unabhängigen Institutionen werden durch unglaublich kostspielige Auflagen, Testverfahren, die sich nur die (teilweise zu Recht) bekämpften Multis leisten können, daran gehindert, die Techniken der genetischen Modifikation so zu gestalten, dass sie schneller besser, umweltbewusst und sicher werden. Und billiger.

Übrigens: Auch »bio« setzt ganz offen die weiße Gentechnik ein, nämlich mittels gentechnisch veränderter Hefe erzeugte Vitamine. Das Vitamin B12 zum Beispiel gibt es kaum noch anders, und wenn, dann nur aus China, mit dubiosen Zertifikaten – und ebenso dubiosen Produktionsverfahren, die wohl kaum eine Qualitätsprüfung bestehen würden.

Unser Erbgut ist voller Fremdgenmaterial

Interview mit Prof. hon. Josef Reichholf

Hier ein dazu passendes Gespräch mit Josef Reichholf, Honorarprofessor der Technischen Universität München und seit 1974 Sektionsleiter Ornithologie der Zoologischen Staatssammlung München, geführt in der interessanten Reihe »Welt des Wissens« im Internet. (Zu sehen unter *www.welt.de/videos/wissen/article3607759/So-gefaehrlich-ist-Gentechnik*.) Reichholf erklärt darin die Rätsel der Natur, Wissenschaftsjournalist Michael Miersch fragt nach.

M. M.: Wir greifen mit der Gentechnik in die Evolution ein. Ist das nicht sehr gefährlich, was da in der Landwirtschaft passiert?

J. R.: Sicher wird eingegriffen. Aber das macht der Mensch seit vielen Jahrtausenden. Den Mais hat es als Wildpflanze nie gegeben. Er ist seiner Natur nach bereits ein Hybride, eine menschliche Züchtung. In Europa müssten die Naturschutzverbände eigentlich heftigst gegen den Mais vorgehen, weil er eine fremde Pflanze ist, wie unser Getreide in der Regel auch, weil wir überhaupt keine unserer wichtigen Nutzpflanzen hätten. Die Veränderung, die der Mensch durch langsame Züchtung vorgenommen hat, benötigte sehr lange Zeiträume. Die Veränderungen, die heutzutage vornehmbar sind, gehen sehr rasch, und ich glaube, die Geschwindigkeit der Veränderungen ist das, was den Menschen Angst macht, und nicht das Rationale im Hintergrund. Da kann man eigentlich nur sagen, Pflanzen, die weniger Gift zu ihrem Wachstum brauchen, sollten ja günstiger für die Umwelt sein als solche, die massiv mit Giften geschützt werden müssen gegen den Ansturm der Feinde.

M. M: Aber gibt es nicht noch einen anderen grundsätzlichen Unterschied? Schließlich werden bei der Gentechnik Artgrenzen überschritten, also der Mais hat ein Gen eingebaut, das von einem Bakterium stammt, und das ist ja nun in der konventionellen Züchtung nicht möglich gewesen.

J. R.: Das ist zwar richtig, in dieser eingeschränkten Betrachtungsweise, aber selbst unser Erbgut ist voller Fremdgenmaterial, von Viren, von allen möglichen Organismen, und wir tun uns aus genau diesem Grund zunehmend schwerer, die ganz ursprünglichen Verwandtschaftsverhältnisse zwischen Tieren und Pflanzen festzustellen, weil der so genannte feindliche, der laterale Gentransfer, offensichtlich ein häufiger Mechanismus war in der fernen Vergangenheit, viel häufiger, als wir uns das vorstellen. Arten existieren nicht von Natur aus als getrennte Einheiten, sie sind Teile eines Bildungsprozesses.

M. M: Das heißt, unser Körper hat Genmaterial von Viren, von Bakterien in sich eingebaut?

J. R.: In ganz beträchtlichem Umfang.

M. M: Welchen Vorteil hatte das für den Menschen oder für andere Säugetiere, Erbgut von Viren oder Bakterien aufzunehmen?

J. R.: Es wurde unschädlich gemacht oder zumindest kontrolliert eingebaut, was ursprünglich Krankheitserreger waren. Bakterien oder Viren sind dann gleichsam domestizierte Bestandteile des Körpers, und sie können, so der Körper gut funktioniert, einigermaßen in Schach gehalten werden.

M. M: Unsere Darmbakterien zum Beispiel sind von außen gekommen und von unserem Körper sozusagen zu Haustieren gemacht worden?

J. R.: Ganz genau so ist es, und das geht noch weiter, ohne diese Mikroben könnten die Wiederkäuer nicht existieren und nicht so viel liefern, wie unsere Milchkühe liefern.

M. M: Weil die Mikroben was machen?

J. R.: Die Mikroben verbessern die Nahrung, die eigentlich minderwertig ist, die von den Rindern aufgenommen wird, und bauen sie auf in hochwertige Proteine.

Die Genpharisäer

Das gute, alte Europa wird bald wirklich alt ausschauen, was neue Forschungsarbeiten betrifft. Vor allem in der Grünen Gentechnik, weltweit mit Feuereifer weiterentwickelt, bei uns kurzsichtig und pharisäerisch verboten (die Rote Gentechnik nützt man ja doch!). Denn offensichtlich hat man noch nicht begriffen, welche Chancen in dem neuen Wissenschaftszweig stecken, sondern bloß die negativen Möglichkeiten herausgearbeitet. Lauscht man Vorträgen, liest man Artikel zu dem Thema, dann wird stets gefordert, zu den Wurzeln, zu der Welt von früher zurückzukehren: Man gibt seine regressive Denkmethode also sogar zu, ist auch noch stolz darauf! Und trampelt Felder nieder, wie einst die (erwähnten) Maschinenstürmer: Apage, Grüne Gentechnik!

Andererseits hat man kaum etwas gegen Gentechnik einzuwenden, wenn es sich um die Rote, die medizinische, handelt. Dabei ist das dieselbe Methode, aber wer will schon ernsthaft dagegen sein, wenn man es schaffen kann, Impfstoffe gegen Vogelgrippe zu entwickeln: eine biotechnologische Errungenschaft. Ebenso wie die Möglichkeit, schnell auf ein neues Erregerspektrum zu reagieren.

Auch bei der Entwicklung von Markervakzinen, die eine Unterscheidung zwischen Feld- und Impfvirus ermöglichen, spielt die Gentechnologie eine bedeutende Rolle. Mit ihnen kann das Züchten (ganz ohne gentechnische Veränderung) wesentlich beschleunigt werden: Man markiert die unerwünschten Gene und züchtet nur dort weiter, wo sie nicht enthalten sind. Das unterscheidet sich im Prinzip nicht von der bisher praktizierten klassischen Pflanzenzüchtung, von Kreuzung und anschließender Selektion. Bei Kreuzungen wird allerdings das gesamte Erbgut der Elternorganismen gemischt, und das Erbgut in den Tochterorganismen lässt sich dabei nicht exakt vorhersagen. So müssen in den weiteren Generationen aufwendig die Organismen mit den gewünschten Eigenschaften selektiert werden. Im Gegensatz dazu werden mit der Grünen Gentechnik gezielt aus anderen Arten oder Organismen Gene hinzugefügt, die für eine bestimmte Eigenschaft verantwortlich sind. Mit dieser Präzisionszucht lässt sich gezielter arbeiten und lassen sich Eigenschaften erreichen, die auf konventionellem Weg nicht möglich sind.

Beim Raps zum Beispiel hat man es geschafft, ihn für salzhaltigen Boden zu begeistern, was der Welt 60 Millionen Hektar Ackerland schenken würde, auf denen durch Übersalzung nichts mehr wächst: Saure Ackerböden machen 30 bis 40 Prozent der ackerbaulich nutzbaren Landfläche der Erde aus! Man wird demnächst eine Maissorte und eine Baumwollpflanze bieten, die auf extrem trockenen Böden wachsen können. Eine andere Maissorte wird Eisen- und Phosphatmangel beheben können – ideal für Vegetarier. Man entfernt Allergene aus Soja und Futtergräsern. Man will den Baumwollsamen entgiften, wodurch der bisherige Abfall ein wunderbarer Öllieferant werden könnte. Und man möchte das Nervengift gentechnisch entfernen, das sich im beliebten Mehl Afrikas und Asiens, dem Maniok, sowie in Favabohnen und Platterbsen findet, und das Lähmungen und Epilepsie hervorrufen kann.

Doch da sind wir alle dagegen, wir Genpharisäer. Lieber roden und hungern, lieber krank oder Selbstmörder werden, als Lösungen des Welternährungsproblems anzugehen. Aber halt, **wir** haben dieses Problem ja nicht, **wir** ernähren uns »bio«. Und im Überfluss.

Grüne, Weiße, Rote Gentechnik

Grüne Gentechnik, auch Agrogentechnik, beschäftigt sich mit der genetischen und gentechnischen Veränderung von Pflanzen, um sie gegen Schädlinge und Krankheiten fit zu machen, ertragreicher oder unter bisher nicht möglichen Wachstumsbedingungen anpflanzen zu können.

Weiße/Graue Gentechnik, auch industrielle Biotechnologie, setzt Gentechnik für Produktionsverfahren ein, um zum Beispiel Enzyme, Zusatzstoffe (Vitamine) oder nachwachsende Rohstoffe zu erzeugen. Oder Energie durch genveränderte Bakterien zu gewinnen oder zu sparen, indem sie sich der Gewinnung von Rohstoffen aus der Abfallwirtschaft bedient.

Rote Gentechnik, auch medizinische Biotechnologie, versucht, durch Gene verursachte Krankheiten, defekte Gene, zu ersetzen. Für biotechnologische Medikamente werden transgene Organismen (Mikroorganismen, Nutztiere oder Pharmapflanzen) verwendet.

Man weiß nicht, was noch werden mag

Ja, aber woher wollen wir wissen, ob diese bösen Genkartoffeln, dieser hinterhältige Raps und dieser unheilvolle Mais nicht eines Tages die Weltherrschaft an sich reißen? Vom Genraps hat man ja schon einiges gehört, der soll sich bereits frech an Wiesenrändern in den USA zeigen. Er ist herbizidresistent, und daher fürchten Bauern eine Überwucherung ihrer Felder. Wenn man bedenkt, dass dieser Raps seit vielen Jahren auf riesigen Flächen angebaut wird und bisher nicht mehr als einige Pflänzchen am Straßenrand Feldausreißer waren, ist er eigentlich recht zahm. Noch zahmer sind offenbar Gensoja und Genmais, noch viel häufiger angebaut, die sich lieber bei ihresgleichen aufhalten als fremdzugehen.

Auch das Argument, es sei noch viel zu wenig geforscht worden und man wisse nicht, wohin dieser »Eingriff in die Natur« noch führen würde, ist nicht haltbar. Erstens hat der Mensch immer schon in die Natur eingegriffen (wenn man ihn außerhalb sieht – letzten Endes ist er und alles, was er macht, auch Natur) und zweitens noch nie so genau gewusst wie heute, was er macht. Ganz genau weiß das natürlich niemand. Aber immerhin werden seit 1995 Gentechnikpflanzen in großem Stil angebaut, 2008 waren es bereits 125 Millionen Hektar, mehr als die ganze Ackerfläche Europas, und es ist kein ökologisches Desaster und kein gesundheitlicher Zwischenfall bekannt. Weder in den USA noch in Kanada, Indien, China, Brasilien oder Argentinien. Auch nach langjährigen Tests mit gentechnisch veränderten Nutzpflanzen – weltweit bisher in über 840 Freilandversuchen, um die Leistung der Pflanzen unter Praxisbedingungen zu bestimmen und mögliche Auswirkungen der Freisetzung auf die Umwelt zu analysieren – gibt es bisher nicht einen einzigen Fall, wo bei Freilandversuchen negative Auswirkungen auf Menschen, Tiere oder Umwelt beobachtet wurden.

In der EU – und auch in Österreich – existieren genaue und wissenschaftlich abgesicherte Regelungen zur so genannten Koexistenz, um mögliche Verunreinigungen von »genfreien« Sorten durch »Gensorten« zu vermeiden. In der Öffentlichkeit und Politik wird das gerne ignoriert. Koexistenz auf Österreichisch ist die postulierte Nichtexistenz des Unerwünschten: weil nicht sein kann, was nicht sein darf.

Wir alle essen übrigens seit Jahren Lebensmittel, die gentechnisch erzeugte Bestandteile enthalten oder mit gentechnischen Verfahren hergestellt wurden: trotz des Gentechnikverbots und selbst, wenn wir ausschließlich die Marken kaufen, die behaupten, sie seien gentechnikfrei. Die Gentechnik ist aus der Lebensmittelproduktion nicht mehr wegzudenken. Enzyme, Aminosäuren, Vitamine und andere Prozess- und Inhaltsstoffe werden längst gentechnisch erzeugt. So wird beispielsweise Lab (ein Enzymgemisch, das für die Käseherstellung notwendig ist und früher nur aus Kälbermägen hergestellt werden konnte) heute häufig aus gentechnisch veränderten Mikroorganismen erzeugt. Auch das Soja, Hauptbestandteil des Kraftfutters für Milchkühe, Mastbullen, Schweine und Hühner, stammt größtenteils aus gentechnisch veränderten Pflanzen. Baumwollprodukte (Wäsche, Tampons, Geldscheine) ebenso. Von den gentechnisch erzeugten medizinischen Produkten wie Insulin gar nicht zu reden.

Und woher wollen wir wissen, dass wir unsere Zukunft nicht als Monsanto-Sklaven erleben werden, denen diktiert wird, was sie anbauen und essen müssen? Es stimmt, die Patentierung verschiedener Verfahren und ganzer Pflanzen ist noch nicht ausdiskutiert. Dass eine Firma aus ihrer kostspieligen Forschung Gewinn machen will, kann man ihr nicht verübeln, dass sie allerdings Allgemeingut ihr Eigen nennen will, sehr wohl. Das gehört genau beobachtet und sehr gründlich überwacht. Es gibt ja übrigens nicht nur den Großkonzern Monsanto, sondern auch andere Riesenfirmen wie Syngenta, Bayer, Dox und Dupont-Pioneer. Es gibt also Konkurrenz und damit ein gewisses Regulans.

Diese neuen juristischen Probleme müssen jedenfalls noch gelöst werden. Gemeinsam mit den Fachleuten der verschiedenen Länder und den Bauern. Gerade die lassen sich bereits vieles nicht gefallen und besorgen sich – ein großes Problem in Indien und Südamerika – illegal verbessertes Saatgut und prellen damit Monsanto um die Lizenzgebühren.

Statt in Zukunftsangst zu erstarren, sollte man also lieber möglichst vielen Forschern die Möglichkeit geben, diese grandiose Erfindung Gentechnik zum Wohl der Menschheit zu entwickeln. Was macht man stattdessen? Man erfindet immer unsinnigere, teurere Bedingungen, unter denen überhaupt geforscht, geschweige denn in der Praxis erprobt werden darf, man zertrampelt Felder, bedroht Wissenschaftler (sogar Universitäten haben aus Angst vor militanten Aktionen das Handtuch geworfen). Und spielt damit den Multis in die Hände, die sich mit viel Geld die Forschungsmöglichkeiten kaufen können.

Und man setzt als selbst ernannter Grün-Fachmann Sätze in die Welt wie: »Für Zulassung, Sicherheit und Überwachung zuständige Behörden können ihre Aufgaben aufgrund von Interessenüberschneidungen mit Forschern und Unternehmen nicht angemessen ausfüllen.«

Interessenüberschneidung mit Unternehmen, mag sein. Aber mit Forschern? Laie will Gutes, Wissenschaftler Böses? Mit solchen Aussagen macht man sich doch nur lächerlich! Sollte man meinen.

Der Fluch des Goldes

Es waren einmal zwei deutsche Wissenschaftler, die wollten der Welt etwas Gutes tun. Weil sie Genforscher waren, machten sie sich auf, dort, wo sie viel wussten, noch mehr zu wissen. Sie hießen Peter Beyer und Ingo Potrykus, und wenn sie nicht gestorben sind, dann leben sie noch heute. Sie überlegten sich, wie sie möglichst vielen Leuten helfen könnten, und kamen auf den Reis, die Nahrung armer Menschen. Sie wussten, dass über 100 Millionen Kinder auf unserer Welt an Vitamin-A-Mangel leiden, viele deshalb erblinden oder sogar sterben. So entwickelten sie eine Reispflanze mit viel Vitamin A, die gelblich schimmerte wie Gold, und schenkten sie den armen Kleinbauern mit den vielen Kindern in den Entwicklungsländern. Alle taten mit, sogar sechs böse Riesen (sechs Weltkonzerne, darunter Monsanto und Bayer) entdeckten einmal kurz ihr gutes Herz und machten Geschenke: Sie überließen den Forschern gratis die dafür nötigen Patente. Das hatte die Welt noch nie gesehen, noch nie in der Wissenschafts- und Wirtschaftsgeschichte hatten Riesen und Zwerge so wohltätig zusammengearbeitet.

Doch die Menschen glaubten ihnen nicht. Man beschuldigte sie, doch irgendwo irgendwie Schätze oder Macht erschleichen zu wollen. Immer wieder mussten sie sich verteidigen, statt mit Lob und Preisung belohnt zu werden.

»Unsere Reissorte wurde weder von der Industrie noch für sie entwickelt. Ihr Nutzen liegt ganz bei den armen Bevölkerungsschichten, sie wird kostenlos und ohne Beschränkung an bäuerliche Selbstversorger abgegeben. Jede Ernte kann zur Wiederaussaat verwendet werden. Sie schafft keinerlei neue Abhängigkeiten, und sie bietet reichen Landbesitzern keine Vorteile. Ebenso wenig beeinträchtigt sie die natürliche Artenvielfalt. Und sie hat, soweit erkennbar, weder negative Auswirkungen auf die Umwelt, noch birgt sie gesundheitliche Gefahren für die Verbraucher.«

»So weit erkennbar«, eine wissenschaftlich wahrhaftige Aussage, denn nichts in unserem Universum ist endgültig. Aber ein wunderbarer Grund für Gengegner, einzuhaken: »Aha, man will auf Kosten Armer Freisetzungstests machen.« Nun ja, Paranoia ist eine schwere, tragische Belastung, die lähmt und zur totalen geistigen und körperlichen Erstarrung führen kann.

Besonders perfide sind selbst ernannte Vertreter armer Länder, die für sich und ihre Berühmtheit eine Plattform wählen, auf der sie dann als Weltverbesserer in das Horn der oft xenophilen, gerne gewisse Länder romantisierenden westlichen NGOs stoßen. Sich damit weltumspannende Vortragsreisen, Friedens- und Antiglobalisierungsauszeichnungen und sogar den Alternativnobelpreis und Ehrfurcht sichern: wie die Inderin Vandana Shiva, die den goldenen Reis als westlich-imperialistische, typische Kapitalistenkolonialisierung verdammt!

Sie hat allerdings keine Problemlösungen zu bieten. Sie sammelt Reissorten, um die Biodiversität zu erhalten, und empfiehlt kleine, autarke, biologische Farmen: Lebensmittelerzeuger und Lebensmittelkonsument sollen einander die Hand reichen. Wovon spricht sie? Von ihrem Land, von Indien, wo jährlich Tausende Kleinfarmer verhungern? Und schon vor Monsanto und sonstigen Bösewichten verhungert sind? Oder sich aus Verzweiflung umgebracht haben, was man ebenfalls gerne den Multis in die Schuhe schiebt, wogegen aber harte Zahlen sprechen, die beweisen: Die Selbstmordrate ist schrecklicherweise seit vielen Jahren die gleiche!

Faktum ist, dass die Ursache der Verzweiflung der Kleinbauern, um die sie sich angeblich kümmerte, häufig Überschuldung durch die niedrigen Preise für Agrarprodukte ist. Die Kleinbauern müssen, um Pestizide, Saatgut oder Geräte zu erwerben, zu Kredithändlern gehen, die Wucherzinsen nehmen. Auch das Feudalsystem, bei dem Pachtschulden beim Feudalherren zur erblichen (!) Schuldknechtschaft führen können (siehe Berichte der ILO zu modernen Sklavereisystemen), hat den Selbstmord vieler verzweifelter Bauern zu verantworten.

Diese menschenunwürdigen Zustände gab es also schon lange vor der Zulassung der Gentechnikbaumwolle und auch vor dem goldenen Reis. Der durchschnittliche Ertrag in Indien ist jedenfalls in den letzten Jahren auf den Baumwollfeldern von 300 auf 550 Kilogramm pro Hektar gestiegen, und nach den Angaben der indischen Regierung benötigen die Bauern auch deutlich weniger Pestizide.

Die moralische Verpflichtung zur Gentechnik

Keiner leugnet, dass wir bei der Entwicklung und Nutzung von genetisch veränderten Organismen erst am Anfang stehen. So manche Projekte, an denen Wissenschaftler derzeit arbeiten, könnten bald drängende Umwelt- und Menschheitsprobleme lösen. Dürretolerantes oder salztolerantes Getreide wäre für trockene Regionen ein wahrer Segen. Eine wiederkehrende Reissorte, die – wie ein Beerenstrauch – jede Saison neue Früchte trägt, könnte die jährliche Bodenbearbeitung überflüssig machen und damit Erosionsprobleme eindämmen. Ertragreichere Sorten könnten Regenwälder retten und Savannen erhalten und damit eine Unzahl an Tieren und Pflanzen vor dem Aussterben bewahren. Auch dies ist eine moralische Verpflichtung zur weiteren gentechnischen Verbesserung der Kulturpflanzen. Man könnte sich durch einen speziellen Genmais das Phosphor als Futterzusatz bei Schweinen sparen: Gentechnik ist das »Land der unbegrenzten Möglichkeiten«.

Ein Stopp der Grünen Gentechnik wäre schon deshalb moralisch verantwortungslos: Gegenüber der Umwelt, der Artenvielfalt (siehe Abholzung, vermeidbare Pestizide, die auch die Gesundheit der Menschen bedrohen, und Brandrodung), den Hungernden gegenüber. Bereits heute hat eine Milliarde Menschen nicht genug zu essen, 2030 wird der Nahrungsbedarf nach Aussage der Vereinten Nationen um weitere 50 Prozent gestiegen sein. Bereits jetzt hat man dank Gentechnik in Entwicklungsländern einen Erntezuwachs von 16 bis 30 Prozent festgestellt. Der gerne von sich Rede machenden Frau Vandana Shiva, »... eine der herausragenden Denkerinnen unsere Zeit zu ökologischen Themen«, wie es in einer Buchbesprechung über sie so hymnisch heißt, ist dieses Ergebnis nicht einen herausragenden Gedanken, kein Sterbenswörtchen wert.

Die Maismorddrohung

Wenn man sich ein wenig mit Gentechnik und Gentechnikern beschäftigt, stößt man bald auf eine rabiate Subkultur von Gentechnikgegnern, die wirklich beängstigt. Vor allem in der Schweiz, in Frankreich, Deutschland und England wird mit einer derartigen Aggressivität agiert, dass Forscher bereits in Bunkern arbeiten müssen, sich mit Drohbriefen oft grauslichen Inhalts (nicht nur verbal grauslich, man legt auch gerne Unappetitliches bei) auseinandersetzen, bösartigste Beschimpfungen über sich ergehen lassen müssen. Man trampelt und wälzt Felder nieder und zerstört damit die Ergebnisse jahrzehntelanger Versuche, man zündet Häuser an, man zerstört Zäune und Gerätschaft, Wachposten werden zusammengeschlagen. In den letzten Jahren wurden 70 Attacken auf staatliche und universitäre Einrichtungen gezählt, damit Unsummen an Geld und Grips vernichtet und einige Universitäten erpresst, nicht weiterzuforschen. In Frankreich, wo eine Unterdrückung dieses Wissenschaftszweigs fast gelungen ist und es nichts mehr an gentechnisch mutierten Pflanzen zu zerstören gibt, haben Antigenaktivisten ihre diffuse Wut im Juli 2010 an Sonnenblumen mit einer in der Natur zufällig entstandenen Genveränderung – wie sie auch im biologischen Landbau ausgesetzt werden – ausgelassen. Man fragt nicht mehr, man drischt einfach nur drauf.

Und so ist es auch nicht ganz einfach, Genforscher zu finden, die sich öffentlich über ihre Arbeit – Gott behüte ihre Gegner – äußern. Aber in Gesprächen erfährt man einiges über den bedrohlichen Alltag dieser Forscher, die ständig kämpfen, sich wehren und rechtfertigen müssen.

Plaudern aus der »Hexenküche«

Wer sich Genlabors vorstellt wie eine Hexenküche, düstere Höhlen, in denen dubiose Flüssigkeiten brodeln, der wird sich beim Besuch solcher Institute im falschen Film wähnen: In hellen Labors sitzen emsig schnipselnde und in Mikroskope äugende Studenten und Wissenschaftler, zeigen begeistert die Brutkammern her, wo sie vorsichtig Petrischalen mit kleinen Knöllchen hochheben, in denen Pflanzenteile vor sich hin wachsen, die in bestimmte »Genflüssigkeiten« getaucht wurden, um neue Gene aufzunehmen und sich damit weiterzuentwickeln: Pflanzenkreuzung auf zeitgemäße, kontrollierte Art.

Wenn man mit Gentechnikern und Gentechnikerinnen spricht, hört man viel von den sinnlosen Schwierigkeiten, die man ihnen macht. Das Problem mit dem Zugang der »Laien« zur Gentechnologie machen sie an den Informationen darüber fest, die ständig von nicht kompetenten Stellen verbreitet werden, den NGOs, die so mächtig sind, dass sie die öffentliche Meinung nachhaltig prägen können.

Doch das ist nichts Neues. Schon Gottlieb Haberlandt (österreichischer Botaniker, 1854 bis 1945), der 1902 die Gewebekultur ins Leben gerufen hat, hatte darunter zu leiden: Er gab eine ganze Reihe von Büchern auf dem Gebiet der Botanik heraus, die seine Kollegen wegsperrten, damit die Studenten diese »ketzerischen Ideen« nicht lesen konnten. Charles Darwin und seine Schwierigkeiten, die Hexenjagd gegen ihn, wollen wir hier gar nicht erwähnen. Eine solche Haltung gegenüber neuen Technologien hat sich bis heute fortgesetzt. Was neu ist, das versucht man zu verteufeln.

So beschuldigt man die Gentechniker gerne der mangelnden Informationsbereitschaft. Aber das stimmt nicht. Nur ist Information nicht nur eine Bringschuld, sondern auch eine Holschuld. Im Rahmen von Forschungssicherheitsprojekten wurde zu Informationsveranstaltungen eingeladen, eine Website eingerichtet – das Interesse war und ist fast null. Zu den Veranstaltungen kam niemand, niemand fragte auf der Homepage nach. Es interessiert sich offenbar niemand ernsthaft dafür, man will nur dagegen sein. Das bedeutet für Gentechnikbefürworter oder -anwender, die eine Information weitergeben wollen, stets gegen Widerstand anzurennen; ständig kraft- und zeitraubend gegen eine Strömung zu arbeiten; seit Jahrzehnten gegen die gleichen falschen Argumente angehen zu müssen, die von Leuten kommen, die sich nie darüber informiert haben, was in der Zwischenzeit wissenschaftlich erarbeitet worden ist.

Ständig neue Infos gibt es auf *http://www.transgen.de/home/*

Wie eine Gentechnikerin so richtig fordert: Um sich eine Meinung zu bilden und dann darüber zu äußern, sollte man sich wohl zuerst überlegen, was man darüber weiß und was nicht. Um dann seine Zweifel darzulegen und sich von Fachleuten aufklären zu lassen, deren Wissen man auch anerkennen sollte. Nicht unbedingt blind, aber mit einigem Respekt. Doch nur selten nimmt jemand Vernunft an, wie der Zuhörer eines Ethikvortrages zur Gentechnik und Sicherheit in Brünn, der seine Einsicht in die Kompetenz von Wissenschaftlern so ausdrückte: »Ich muss gestehen, ich habe im Gentechnik-Volksbegehren dagegen gestimmt, aber jetzt verstehe ich Sie und glaube Ihnen als Fachmann. Ich bin ein Techniker, ein Statiker, und wenn ich eine demokratische Abstimmung darüber abhalten müsste, ob ein Boden jetzt 100, 200 oder 400 Kilogramm aushalten kann, da tät' ich mich auch sträuben.«

Gengegner weigern sich strikt, zur Kenntnis zu nehmen, dass es heute präzise gentechnische Methoden gibt, mit denen man erstmals in der Lage ist, von genauen Daten auszugehen. Auch die Allergenproblematik, ein Thema, das immer wieder in Diskussionen auftaucht, kann genau erfasst werden: Seit zehn Jahren werden Allergenuntersuchungen gemacht, es gibt gesicherte Daten, mit denen man präzise vorhersagen kann, ob eine gentechnisch veränderte Pflanze Allergene enthält oder nicht. Aber interessiert das Gengegner? Die holen bei Diskussionen lieber das berühmte Beispiel von Paranuss und Sojabohne heraus, immer wieder, und disqualifizieren sich damit eigentlich selbst: Dereinst haben Forscher ein Protein der Paranuss in die Sojabohne transferiert, um deren Proteingehalt zu steigern. Die Sequenzen zeigten, dass das möglicherweise ein Protein sein könnte, das zu Allergien führt, und so wurde die Sojabohne auf dieses Allergen getestet. Man hatte recht, sie war hoch allergenhaltig, und man brachte diese Sojabohne deshalb nie auf den Markt – weil die Technik so genau und präzise ist. Doch was tröten Gengegner? Gentechniker produzieren allergene Sojabohnen! Dabei beweist dieser Fall genau das Gegenteil, nämlich dass man Allergien damit vermeiden kann!

So ist – auch wenn die meisten Menschen zu wenig darüber wissen und viel zu wenige es glauben – Gentechnik sicherer als andere Arten der Kreuzung und Züchtung. Denn bei konventionellen Züchtungen werden aus der einen in die andere Pflanze viele Tausende Gene mit hineingekreuzt, von denen man nichts weiß. In der Gentechnik kann man einzelne Gene testen und genau beobachten, was damit passiert. Und auch die Wechselwirkung: wie die verschiedenen Substanzen sich gemeinsam verhalten.

Dazu gibt es Daten, und Tests klären, was bei transgenen Züchtungen und was bei konventionellen Züchtungsprogrammen passiert. Einmal schneidet die eine Sorte besser ab, dann die andere. Doch wieder polemisieren Gengegner (wie üblich) unfair: Sie wählen für ihre Vorwürfe das Zeitfenster mit dem Resultat, das ihre Theorie unterstützt.

Statt den Fortschritt zu fördern, lässt man sich in der EU lieber absurde neue Regelungen einfallen, die den Nachweis verlangen, dass es keine unerwarteten Nebeneffekte gibt. Nun kann man das Fehlen eines »unerwarteten Nebeneffekts« eigentlich nicht nachweisen, denn dann wäre er ja nicht unerwartet. Außerdem gibt es, wie immer und überall, zwei Seiten, nicht nur negative, sondern auch unerwartete positive Nebeneffekte. Daran wurde bei der Regelung nicht gedacht, aber das beweist der Bt-Mais, der resistent gegen Maiszünsler gemacht wurde. Dadurch, dass die Maiszünslerraupen sich nicht mehr hineinbohren, gibt es keinen nachträglichen, sekundären Pilzbefall, und die Mykotoxinwerte sind deutlich gesunken, sie sind im Bt-Mais um einiges niedriger als im konventionellen Mais: eben ein unerwarteter Nebeneffekt der positiven Art. Besagter Pilzbefall im Mais führt übrigens in Afrika, wo er das Hauptnahrungsmittel ist, unter anderem zu schrecklichen Lebertumoren – die würden stark reduziert werden. Aber wieder interessiert das nicht einen einzigen Gentechnikgegner.

Die schleppenden Zulassungen der EU führen mittlerweile zu einem neuen Problem: Bis 2009 gab es garantiert gentechnikfreie Sojabohnen und GVO-Sojabohnen. Die GVO-Sojabohnen waren im Rest der Welt für den Anbau und die Fütterung, in der EU nur für die Fütterung zugelassen (was nachgewiesenermaßen übrigens weder in der Milch noch im Fleisch irgendetwas verändert, für Gengegner eine unakzeptable Behauptung). Beim Import wurde aufwendig zertifiziert und getrennt.

Nunmehr haben die USA auch neuere GVO-Konstrukte für Sojabohnen zugelassen, deshalb gilt es beim Import jetzt drei Arten zu unterscheiden:

- Garantiert gentechnikfreie Sojabohnen: Die können eigentlich nur noch in Brasilien, im ehemaligen Regenwald, wachsen, denn nur dort finden sich zusammenhängende große Flächen für reinen Anbau.
- GVO-Soja mit in der EU zugelassenen Genveränderungen: darf importiert werden
- GVO-Soja mit in der EU **nicht** zugelassenen Genveränderungen: darf **nicht** importiert werden

Das macht alles nicht nur noch viel komplizierter und teurer, sondern es müssen, sollte Brasilien das neue GVO-Soja zulassen, für Soja drei neue Logistikketten geschaffen werden, ein wirtschaftlicher Unsinn, nur um Pseudoqualität behaupten zu können.

Die Mehrheit lässt sich jedoch durch Schlagworte und negative Schlagzeilen bereitwillig beeinflussen: Anti hat einfach mehr Schlagkraft. Wie der Antiamerikanismus, der Antimonsantismus, die Antimultibewegung (besonders dümmlich, denn viele NGOs, wie Greenpeace oder WWF sind globale Multis mit mehr Geld, als die meisten Forscher sich zu erträumen wagen, und mit mehr Macht als viele von ihnen schon sinnlos geschädigte Großkonzerne). Übrigens: Global 2000, eine Vereinigung, die sich global nennt, aber nur in Österreich herumnörgelt, ist zwar nicht weltweit wichtig, aber auch mit üppigen Spenden und Unterstützungen gut gepolstert.

Gengegner geben nie zu, niemals, dass sie im Unrecht sind. (Sollten Sie je davon gehört haben, bitte lassen Sie es mich wissen!) Aber vielleicht müssen sie doch einmal einsehen, dass Gentechnik ein Vorteil sein kann, eine wichtige wissenschaftliche Entwicklung ist, auch wenn das nicht zu ihrer Weltanschauung passt.

Ökonomie oder Ökologie? Das ist stets die Frage

Interview mit Ao. Univ.-Prof. DI Dr. Marie-Theres Hauser

Ao. Univ.-Prof. DI Dr. Marie-Theres Hauser ist die Leiterin der Arbeitsgruppe Pflanzengenetik des Departments für Angewandte Genetik und Zellbiologie an der Hochschule für Bodenkultur in Wien. Sie betreibt Grundlagenforschung, beschäftigt sich mit der Entwicklungsgenetik von Pflanzen und den molekularen Grundlagen von Anpassungsprozessen. Eine zarte, freundliche Person, die offenbar immer wieder versucht, ihr Fach, ihre Tätigkeit, in die Öffentlichkeit zu tragen, Studenten dafür zu begeistern oder zumindest ihre Vorurteile gegenüber den »unmoralischen Genforschern« auszuräumen. »Fragen Sie mich nur, was Sie wollen. Auch öfter, wenn Sie wollen«, ermutigt sie einen kompletten Laien wie mich.

Wir nutzen den Variantenreichtum der Gene.

»Ich wollte mit Pflanzen arbeiten, weil diese die Grundlage des Lebens sind. Ohne Pflanzen existiert kein höheres Leben. Und da ist die Genforschung die spannendste und vielversprechendste Wissenschaft. Ich mache Grundlagenforschung, habe aber auch Projekte mit praktischen Anwendungen, erzeuge selber transgene Pflanzen, setze diese aber nicht aus. Das ist auch längerfristig nicht vorgesehen. Wir testen die Bedeutung der Gene für die Entwicklung und Anpassung an bestimmte Umweltbedingungen. Die Gene, mit denen wir arbeiten, kommen auch von Pflanzen.

Pflanzen haben eine große Variabilität von Anpassungsstrategien entwickelt, und ich schaue mir die Gene an, die diese variablen Strategien regulieren. Die einen können Trockenheit überstehen, andere nicht. Oder Kälte. Oder UVB-Stress. UVB ist eine mögliche Bedrohung, wenn die Ozonschicht in der Stratosphäre dünner wird. Pflanzen, die in höheren Regionen wachsen, zum Beispiel auf Bergen, oder in Gebieten, in denen Sonneneinstrahlung durch weniger Wolken gefiltert wird, auch die in der Nähe des antarktischen Ozonlochs, in Australien, sind UVB-Strahlen stärker ausgesetzt als die Pflanzen, die in der Ebene wachsen. Pflanzen haben sich über Jahrhunderte, Jahrtausende an diese Bedingungen adaptiert. Wir wollen nun wissen: Wie haben sie das gemacht? Das Wie kann großen Nutzen für die Landwirtschaft haben. Denn wenn wir lernen, welche Gene bei der Adaption eine Rolle spielen, können wir diese Gene in Nutzpflanzen übertragen. Entweder durch gezielte Kreuzungen und Selektion innerhalb einer Art oder transgen, indem man eine Eigenschaft der Pflanze in eine andere über die Artgrenze hinweg einbringt.«

Wichtig und richtig sind nur die Originalpublikationen.

»Ich halte auch Lehrveranstaltungen in einer Seminarserie zum Thema GVO in der Umwelt. Es kommen sehr viele Studenten, hauptsächlich die Biotechnologen und die Landwirte, aber auch viele Erasmusstudenten. Das ist eine sehr beliebte Vorlesungsreihe. Dabei versuchen wir, die Studenten auf die verschiedenen Kriterien aufmerksam zu machen, die es ermöglichen, Forschungsansätze und Studien an GVOs zu beurteilen. Wir versuchen auch, sie darauf einzustimmen, sich stets die Originalpublikationen anzuschauen und nicht irgendwelche von Interessengruppen wie Global 2000 oder Greenpeace: Das sind Informationen aus zweiter Hand, gerne peppig aufgearbeitet, die sehr oft nicht stimmen, weil Zitate aus dem Kontext gerissen werden. Die kommen dann kurz in die Medien, und wenn man antworten, wenn man Argumente bringen, beweisen will, das war ja falsch, dann interessiert das die Medien längst nicht mehr.

Wir versuchen zu zeigen, welche Publikationen es gibt, wo man nachschaut, wie man da vorgeht. Das erklären wir gerne auch den Gegnern, die transgene Organismen ablehnen. Auch sie sollten lernen, ihre Meinung fundiert zu argumentieren. Wir wollen ja nicht indoktrinieren, wir sind offen.«

Es wird ständig zwischen Argumenten gesprungen.

»In Deutschland ist man in der Forschung und Anwendung von Gentechnologie bei Pflanzen viel aktiver. Da gibt es Freilandversuche, dementsprechend ist auch die wissenschaftliche Community besser organisiert. Auch bei uns gibt es sehr engagierte Professoren, jedoch immer vorsichtig in der Öffentlichkeit, weil man stets angegriffen wird. Die Vorsicht ist erklärlich. Bei Diskussionen wird ständig zwischen den ökonomischen und ökologischen Argumenten gesprungen und dann aggressiv angegriffen. Das ist nicht logisch zu erwidern. Als Wissenschaftler muss man außerdem oft sagen, ja, das könnte so sein, auch wenn es noch so unwahrscheinlich ist. Und das klingt immer unsicher.

Niemand leugnet, dass es ein großes ökonomisches Interesse von Saatgutunternehmen gibt, sich ein Monopol aufzubauen. Warum ein Monopol? Weil diese Technologie sehr teuer ist, man viel investieren muss. Das können sich kleine Firmen kaum leisten. Und jetzt hat man Angst, dass das wirklich gute Saatgut in Zukunft nur von wenigen Firmen angeboten wird, dass man abhängig wird. Das ist das ökonomische Argument.

Und dann gibt es das Argument mit der biologischen Gefahr, das ökologische Argument. Für diese angebliche Gefahr existieren zwar nur ganz wenige Hinweise, aber sie ist ein Hauptthema. Natürlich bleibt immer ein Restrisiko, doch dazu gibt es die Risikoabschätzung. Davon profitiert übrigens eine eigene Untersuchungsgruppe enorm, die Toxikologen. Die sind natürlich gerne zu ständig neuen Untersuchungsreihen bereit, weil sie Geld dafür kriegen. Wenn dann wieder und wieder Ratten ausschließlich mit transgenem Mais gefüttert werden, was nicht ihrer normalen, abwechslungsreichen Ernährungsweise entspricht, tritt sicher irgendwann eine Störung bei ein paar weiblichen Ratten auf – die dann zwar nicht signifikant ist, aber als Behauptung dasteht. Wissenschaftler können diese Daten richtig interpretieren und erkennen, dass der Mittelwert dann zwar vielleicht etwas höher ist, aber auch die Streuung der Daten – was die Untersuchung statistisch nicht mehr signifikant macht. Deshalb muss man in den Originalpublikationen nachlesen, darf sich nicht nur die Balken anschauen, sondern muss auch die Standardabweichungen sehen, die anzeigen, wie groß die Streuung war, welche Zahlen wirklich wichtig sind.«

Genforschung hat ein sehr hohes Potenzial.

»Ich selber sehe ein sehr großes Potenzial in dieser Forschungsrichtung. Beispiel Weinbau. Wenn ökologischer Biowein produziert wird, verwendet man gegen Pilzbefall die traditionelle Bordeauxbrühe oder ähnliche kupfer- und schwefelhaltige

Mischungen. Es ist wohl bekannt, dass Kupfer nicht nur für den Boden schlecht ist und sich dort anreichert. Große Probleme gibt es in feuchten Jahren mit Pilzbefall. Da sind zwar die neuen Spritzmittel besser und meiner Meinung nach ökologischer, doch wenn man transgene pilzresistente Pflanzen hätte, wäre das eine noch viel elegantere und nachhaltigere Lösung.«

Untersuchte Gefahren in der Nahrungskette

»Um den Zweifel auszuräumen, dass man angeblich nie weiß, wie eine Pflanze und die Umwelt wirklich reagieren, wenn man fremde Gene implantiert, gibt es schon sehr gute Untersuchungen und viele Resultate. So hat man gelernt, einige trophischen Ebenen (die Stadien der Nahrungskette) in die Risikostudien aufzunehmen.

Nehmen wir als Beispiel den furchtbaren Maiszünsler. Dessen Larven kann man mit normalen Spritzmitteln nicht bekämpfen, denn die bohren sich in die Kolben oder in den Stamm hinein, während die Spritzmittel an der Oberfläche bleiben. Spritzmittel nützen daher nur gegen die fliegenden Maiszünsler, nicht gegen die Larven, die den eigentlichen Schaden anrichten. Gegen Maiszünsler kann man also nicht viel machen. Und es entstehen wirklich große Schäden. Mit Folgeschäden. Denn der Maiszünsler erzeugt Wunden, in denen dann Pilze viel leichter kolonialisieren – und dann hat man giftige Mykotoxine in den Pflanzen.

Setzt man nun Bt ein, getrocknete Bakterien mit dem Gift des Bazillus Thuringiensis (das übrigens schon immer im Biolandbau verwendet wurde, gentechnisch implantiert aber selektiver wirkt), und erwischt damit doch Larven, sterben diese durch Selbstverdau, da Bt den Darm perforiert: ein sehr unangenehmer Tod der armen Larven. Eventuell werden die toten Larven dann von Vögeln gefressen. Wie auch der Schmetterling des Maiszünslers, wenn er schlüpft. Andere Insektenlarvenfresser könnten sich ebenfalls von den toten Larven ernähren. Diese »Gefressenwerdenmassaker«

sind die trophischen Ebenen. Die Insekten, die Vögel, die größeren Vögeln, dann Katzen und so weiter.

Über diese trophischen Ebenen gibt es viele Untersuchungen. Ich lese sehr viel Literatur, um sie für die Studenten zusammenzustellen. Denn dort kommen dann eben solche Fragen wie: Beim Maiszünsler können die Larven auch in den Boden eingeackert werden, da kommen dann die Regenwürmer und fressen sie. Was ist mit den Regenwürmern? Wenn die das Bt-Toxin fressen? Oder mit den Fröschen, die die Regenwürmer fressen? Und dann die Störche! Was passiert mit der restlichen Bakterienpopulation? Eine Endlosfrage.

Wir können auf Publikationen hinweisen, die Bt mit der ›normalen Behandlung‹, mit den sonst gebräuchlichen Insektiziden, vergleichen. Die zeigen, dass es in den Bt-Feldern eine größere Diversität gibt, eine größere Artenvielfalt, als in den konventionellen Feldern. Das ist ein Hinweis darauf, dass andere Lebewesen, die so genannten ›Non-Target-Organismen‹, nicht betroffen sind. Aber auch das muss man wieder einschränken, es kommt auch darauf an, was man gepflanzt hat, wo und welche ›Non-Target-Organismen‹ quantifiziert werden. Ergebnisse sind nie absolut.

Ein anderes Gengegnerargument: Tiere/Insekten haben einen Darm, wir haben einen Darm, wenn das Mittel im Insektendarm Poren macht, kann das auch beim Menschen Poren erzeugen. Dazu muss man aber wissen, dass der Insektendarm sich in mehreren Eigenschaften vom Säugetierdarm unterscheidet. Zum Beispiel ist der pH-Wert im Darm eines Insekts anders als im Darm des Menschen. Menschen haben auch den entsprechenden Rezeptor nicht, unser Darm kann das Bt-Toxin gar nicht binden. Wir als Wissenschaftler können also sagen, es ist sehr unwahrscheinlich, dass der Mensch betroffen ist. Nicht nur von den jetzigen, sondern wahrscheinlich auch von zukünftigen neuentwickelten Toxinen, die dadurch kreiert werden, dass man zum Beispiel Domänen der verschiedenen Toxine austauscht oder sie so kombiniert, wie sie in der Natur nicht vorkommen.«

Nichts ist sicher.

»Ein Wissenschaftler wird sich nie bereit erklären zu sagen, etwas passiert nie. Das ist unglaubwürdig. Wissenschaft arbeitet immer mit Wahrscheinlichkeiten. Es gibt nie eine Sicherheit. Wie es auch keine absolute Wahrheit gibt. Für den Menschen kann es nur das geben, was er mit seinen beschränkten Sinnen sehen, wahrnehmen kann. Wie das Gleichnis bei Plato: Wir sitzen in der Höhle mit dem Rücken zum Licht und sehen nur die Schatten dessen, was passiert. Nur: Wir sind schon besser, sehen schon genauer.

Wie bei den trophischen Ebenen. Die Umweltschützer verlangen das Absolute. Und das ist das, was es besonders schwierig macht. Für die Toxikologen, für alle Wissenschaftler. Man soll beweisen, dass es keinen Effekt gibt. Oder nur einen sehr geringen. Sind diese Untersuchungen abgeschlossen, wird eine neue trophische Ebene infrage gestellt. So kann man ewig gegenargumentieren. Denn man kann Effekte nie ausschließen. Wenn auf der einen Ebene nichts passiert, kann auf der nächsten trotzdem ein Effekt entstehen. Zusätzlich werden Herbizide in der Pflanze und Umwelt verändert. Die so genannten Metabolisierungsprodukte könnten eine andere Toxizität aufweisen als das eigentliche Mittel. Metabolisierung heißt, dass ein Organismus etwas umbaut. Und jede Organismusgruppe könnte zum Beispiel das Herbizid unterschiedlich umbauen. Das muss man ehrlich sagen.«

Wie weit kann man forschen?

»Das ist genau das Problem der Firmen. Normal sind es die Umweltbehörden (die auch Wissenschaftler sind, aber staatlich angestellte), die diese Regeln machen, wie das Umweltbundesamt oder die ›Food and Drug Organisation‹ (FDA). Dazu setzen sich Wissenschaftler von beiden Seiten zusammen, von Firmen und Behörde. Und dann wird demokratisch entschieden, ob es sich lohnt, weiterzuforschen.

Bei GVO sind diese Untersuchungen extrem ausgebaut und sehr streng geworden. Es muss zum Beispiel die Äquivalenz nachgewiesen werden. Wir vergleichen also unveränderte Pflanzen und genetisch veränderte, und es muss gezeigt werden, ob die Nährwerte, Vitamine, Mineralien, Kohlenhydrate und Proteine gleich sind. Die variieren natürlich auf den verschiedenen Böden. Man muss sie also side by side kultivieren. Und da kann es Unterschiede geben. Auf dem einen Boden nicht, auf dem anderen schon.

Das ist zum Beispiel ein Argument Österreichs: Wenn GV-Mais für Österreich zugelassen werden sollte, müssten deshalb alle schon für die EU zugelassenen GVOs in Österreich auf verschiedenen Böden noch einmal getestet werden. Es könnte ja sein, dass durch die Kultivierung in Österreich die Zusammensetzung und somit die Äquivalenz etwas anders ist. Wenn das alles abgetestet wäre, könnte man dann natürlich auch noch einwenden, der Regen war einmal sauer und einmal nicht sauer, die Sonne war in dieser Saison stärker als im Zehnjahresdurchschnitt und so weiter … das sind Killerargumente.«

Man braucht Mut.

»Bei Diskussionen wird man oft unfair angegriffen. Wie kürzlich bei einer Diskussion, wo, wie schon öfter erlebt, ein überraschendes GVO-Gegenargument aus dem Hut gezogen wurde, das gerade erst publiziert worden war. Das wird gerne gemacht und ist eine leider effektive Strategie, Wissenschaftler zu diskreditieren: Es werden Teilaspekte einer Publikation ausgewählt, mit denen man Fakten passend hinbiegen kann. Doch ich kann nicht alle Publikationen kennen, es ist nicht mein Job, ständig neue Meldungen aufzuspüren und zu überprüfen, ob diese korrekt dargestellt wurden, das ist nicht möglich. Das wären Hunderte pro Tag.

In diesem Fall war man jedenfalls gut vorbereitet, eine der Podiumsteilnehmerinnen hatte sich die vielen aktuellen Berichte in den Zeitungen weltweit sehr genau durchgelesen und konnte antworten und relativieren. Doch sonst ist man hilflos. Denn selbst, wenn man von der Publikation gehört hätte, es ist oft sehr schwer, an die Originalnachricht zu gelangen und die Essenz herauszufiltern. Das ist ein Riesenproblem.«

Gentechnik und Antibiotikaresistenz

»Als Antwort zur Angst vor Antibiotikaresistenz gibt es schon längst eine Studie, inwieweit gentechnisch veränderte Lebensmittel, die zum Beispiel auch ein Antibiotikaresistenzgen beinhalten, ihre Eigenschaften weitergeben können. Prinzipiell ist es so: Ein bakterielles Gen kann auf Menschen nicht leicht übertragen werden, weil die Regulationsmechanismen, die ein Gen anschalten, nicht vom menschlichen Organismus erkannt werden. Außerdem haben wir in unserem Magen Salzsäure, die DNA zerkleinert/hydrolisiert. Das wurde unter anderen von Walter Doerfler, einem Wissenschaftler aus Deutschland, untersucht. Er publizierte viele Artikel über diese Problematik.

Doerfler hat untersucht, ob und wie weit DNA nach dem Durchgang durch den Magen in Körperzellen aufgenommen werden kann. Und tatsächlich wird DNA, kleine Stückchen davon, aufgenommen. Täglich. Nicht nur GVO-DNAs. Man findet fremde DNA in weißen Blutkörperchen, man findet sie auch in Muskeln eingebaut. Es wird offenbar ständig Fremd-DNA im Körper eingebaut, das ist ja unter anderem auch einer der Alterungsprozesse. Diese Stücke sind sehr klein. Außerdem fehlt beim Menschen die entsprechende Regulationseinheit, um diese zu aktivieren. Und selbst wenn die Regulationssequenzen da wären, entsprächen die DNA-Stücke keinem vollständigen Gen. Es müsste der ganz unwahrscheinliche Zufall passieren, der sogar einmal berechnet wurde, dass dieses DNA-Stückchen, das auch noch eine ganze Informationseinheit darauf haben müsste, in eine Regulationseinheit eingebaut wird. Das Resultat von Doerflers Untersuchung war jedenfalls, dass es völlig ausgeschlossen ist, dass wir mit allen unsere Zellen durch GVO gegen Antibiotika resistent werden. Sogar für einzelne Zellen ist das höchst unwahrscheinlich.«

Ungeplante Kreuzung mit Wildpflanzen

»Der ökologische Schaden von Kreuzung mit Wildpflanzen ist eine Sache, die ich ernst nehmen würde. Diesen horizontalen Gentransfer muss man allerdings immer auf die Pflanze bezogen betrachten. Raps hat in unserer Gegend viele nahe Verwandte, daher muss er genauer beobachtet werden. Dazu gibt es Studien, wie stark die Auskreuzungsrate ist. Die ist sehr gering, aber sie kommt vor. Man hat auch untersucht, was mit diesen Bastarden passiert: Bei Raps zum Beispiel haben solche Nachkommen einen unterschiedlichen Chromosomensatz, und in der nächsten Generation wissen die Chromosomen nicht mehr, wie sie sich aufteilen müssen. Meistens sind sie unfruchtbar. Eine französische Studie hat aber gezeigt, dass, wenn sie händisch, also nicht durch Bienen, rückgekreuzt werden, Veränderungen bis in die sechste Generation – so lange dauerte die Observierungszeit – verfolgt werden können. Also, es kann vorkommen. Das passierte nur im Labor, ist in der Natur bisher nicht nachweisbar, aber man kann diese Möglichkeit nicht komplett ausschließen.

Mais und Kartoffeln hingegen sind bei uns eingeführte Pflanzen, die hier keine natürlichen Verwandten haben. Deshalb gibt es das

Problem nicht, dass sie sich außerhalb des Feldes vermehren. Mais überlebt den Winter bei uns nicht, also auch wenn Mais verwildern würde, könnte das nicht funktionieren. Niemand sieht plötzlich im Frühjahr am Straßenrand wilden Mais wachsen, das wird jeder Landwirt bestätigten. Bei Kartoffeln ist das ähnlich, so etwas gibt es bei unseren Klimaverhältnissen nicht. Aber bei Kartoffeln und Mais in Mexiko, da schaut das anders aus. Dort gibt es viele Wildsorten, und dort können Genveränderungen sehr wohl eingekreuzt werden. Dort kann es sein, dass die Körner, die nächste Generation, in der ein Teil des Chromosomensatzes von der Mutter, ein Teil vom Vater stammt, transgen sind. Aber diese Pflanzen scheinen sich auf nicht kultiviertem Land nicht durchzusetzen. Dazu gibt es jedenfalls enorm viele Diskussionen und Publikationen.

Aber es gibt noch ein anderes Problem. Wie in Indien, die Landwirte selber importieren dort zum Teil illegal den GVO-Mais, weil er sich besser verhält, höheren Ertrag liefert. Das ist unkontrolliert und durch ökonomische Not motiviert. Da kann man sich vorstellen, dass sich in Zukunft die GVO-Maissorten ungeplant verbreiten.«

Wir leben in einer Evolution.

»Der Mensch hat immer in die Pflanzenwelt eingegriffen. Die kultivierten Pflanzen sind in Jahrzehntausenden weitergegebene Samen, die immer verbessert wurden. Größer, leichter zu mahlen, schnelleres Reifen, schönere Farbe. Das sind keine natürlichen Entwicklungen.

Die Frage ist eben immer: Was ist der Status der Natur? Wir leben in einer Evolution, in einem ständigen Fluss. Auch die Wildarten von Raps hier bei uns sind entstanden, indem sie hybridisiert haben! Das eine Hybrid hat sich speziell an einen Ort angepasst, das andere an den anderen. Dann haben sie sich entgegengesetzt entwickelt, und so sind zwei Arten entstanden, die, wenn sie sich kreuzen, keine oder nur sehr wenige fruchtbare Nachkommen produzieren.

Gentechniker sorgen also eigentlich für mehr Variantenreichtum – und das viel kontrollierter als bei einem klassischen Züchtungsansatz. Auch durch die Analyse alter Landrassen. Die haben oft Eigenschaften, die den modernen Züchtungsmethoden Vorteile bringen. Gewisse Resistenzen. Und deshalb will man die erhalten. Es gibt ja Gott sei Dank Forschungszentren, die sie sammeln und kultivieren. So bleiben sie als Genpool erhalten.

Für den Landwirt sind die GVO-Hybriden prinzipiell kein Problem. Außer der Markt diktiert, dass eine Koexistenz nicht möglich ist. Durch Wind (bei Mais zum Beispiel) könnte durch Befruchtung mit GVO-Pollen aus einem nahe gelegenen Feld das Produkt Spuren von GVO enthalten. In diesem Fall dürfte die Ernte nicht mehr als GVO-frei verkauft werden – aber das ist wieder das ökonomische, kein biologisches Problem.

Es kommt natürlich auf die Eigenschaft an, die man einbringt. Bei eingebrachter Herbizidresistenz werden das die verwandten, aber unerwünschten Wildpflanzen auch. Und dann muss ein neues Herbizid entwickelt werden. Wie beim Mais in Mexiko. Oder beim Reis im asiatischen Raum, wo es einige wilde Reisarten gibt, die sehr wohl auch in der Natur einkreuzen könnten. Die würden dann ein Herbizidproblem erzeugen, wenn die Herbizidresistenz sich in diesen Hybriden und deren möglichen Nachkommen weiterverbreitet. Den Pestizideinsatz versucht man übrigens gerade durch GVO möglichst zu verringern, denn die meisten Pestizide sind – wenn falsch dosiert – auch für den Menschen toxisch: ein wichtiger positiver Beitrag von GVO zur Vergiftungsproblematik durch unsachgemäßen Einsatz von Agrochemikalien.«

Es gibt nie eine Entschuldigung.

»Zurück zur Öffentlichkeit. Die vorhandenen Informationen werden leider immer wieder verkürzt wiedergegeben. Dadurch sind sie dann modifiziert, verfälscht, man erlaubt sich eine unlautere Interpretation. Und auch wenn etwas nachgewiesen falsch vorgebracht war, gibt es danach keine Entschuldigung. Es gibt auch keine Möglichkeit, sich nachdrücklich zu wehren. Anderswo kämen Menschen wegen Rufschädigung ins Gefängnis! Aber das würde ich gar nicht verlangen, weil ein demokratischer Prozess notwendig ist. Denn es macht keinen Sinn, sich mit einer Erneuerung über die Ängste vor einer Technologie hinwegzusetzen. Es gibt jedoch keine Konsequenzen nach falschen Anschuldigungen, es wird bei eindeutiger Rufschädigung keine Verurteilung ausgesprochen oder wenigstens ein öffentliches Statement verlangt, nichts.

Oft werden wissentlich unwahre Behauptungen in den Raum gestellt. Immer wieder. Aber sollen Wissenschaftler ihre Zeit damit verbringen, falsche Behauptungen zu reklamieren?

Es ist ja interessant, wie Menschen, die sich mit Genen und deren Auswirkung positiv beschäftigen, angegriffen werden. Man kann und soll ja ruhig die Ängste vor einer Technologie thematisieren, sich über zu wenig Information beschweren. Aber was auf Webpages und in Diskussionsrunden passiert, ist wirklich verstörend. Als Wissenschaftler kann man Angst bekommen, Ziel dieser aggressiven Angriffe zu werden. Früher wurden ›nur‹ Felder niedergetrampelt, jetzt geht es schon in die Privatsphäre. Ich finde das empörend und hoffe auf die baldige Einsicht, dass Aggression immer unproduktiv ist.«

10. Kapitel
Zeichen und Wunder

Vermarktung und Gütesiegel

Die Biophilosophie ist die einzige menschenwürdige, weil marktunabhängige, nicht profitorientierte Bewegung? Kein Großkonzern, kein Multi, kein Global Player beeinflusst das Urteil über Gut oder Böse, natürlich oder pervers? Das glaubt zumindest der naive Konsument, wenn er seine Packung Biomüsli oder seine Flasche Biobier, seinen Biokaffee oder seine Bionudeln aus den Regalen der Supermärkte holt. Ein Riesenirrtum.

Preisdruck und Zeitdruck

»Bio« ist genauso in das konventionelle Wirtschaftssystem eingebunden wie die normale Landwirtschaft, zum Teil noch inniger. Zum Beweis braucht man ja nur kurz über die Tatsache nachzudenken, dass Rewe Austria (Billa, Merkur, Penny) mit ihrer Bioeigenmarke »Ja! Natürlich« mit 45,1 Prozent Mengenanteil und 48,7 Prozent Wertanteil die Biobranche dominiert. Und damit die Herstellung und die Preise bestimmt.

Vielen Biobauern in Regionen mit groß strukturierter Landwirtschaft (wie in den Bundesländern im Osten Deutschlands) ist es kaum möglich, ihre Produkte direkt zu vermarkten. Ebenso wenig wie umgekehrt in Gebieten mit einer zu großen Dichte an Biobetrieben. Und so häufen sich die Klagen in der Biolandwirtschaft

- über die hohe Marktmacht des Lebensmitteleinzelhandels, der die Preise drückt;
- über willkürliche Änderungen der Sortierkriterien, wie bei den konventionellen Produkten;
- über Konventionalisierung auch bei »bio«: Um die Nachfrage der Konsumenten zu decken, werden Produkte erzeugt, die entfremdet sind (wie länger haltbar gemachte Milch) und dem Bioanspruch (unverfälschte, ursprüngliche Produkte) nicht entsprechen können;
- über Deckungsbeitragsdenken als einziges Qualitätskriterium (also Preisdruck).

Am Beispiel von Obst ist die Zwickmühle, in die Biobauern geraten sind, besonders gut zu erklären: Das Grundproblem ist die Lagerung. Die Reifezeit und damit die Entwicklung des Aromas der verschiedenen Sorten sind sehr unterschiedlich. Und jedes Obst schmeckt am besten, wenn es ausgereift ist. Doch reifes Steinobst wie Zwetschgen, Marillen oder Kirschen hält maximal drei Tage ab der Ernte, nach der Lieferung aber liegt Obst bis zu einer Woche im Supermarktregal, soll dann immer noch frisch und appetitlich aussehen. Das funktioniert außer bei bestimmten Sorten nur, wenn die Ware unreif geerntet wird. Im Lebensmittelhandel bekommt man daher in der Regel unreifes Obst, das zwar schöner anzusehen ist, aber nach fast nichts schmeckt. Am Bauernmarkt (so es ein echter ist) ist die Chance am größten, richtig reifes Obst und auch andere, geschmackvollere als die typischen Billa-, Hofer- und Spar-Sorten angeboten zu bekommen.

Der gute Geschmack von Produkten vom Bauernmarkt hat aber, wie schon mehrmals erwähnt, nichts mit »bio« zu tun, obwohl heute die meisten Bauern sich dort, schon um von der Biolobby nicht schief angeschaut zu werden, mit dem Bioversprechen schmücken (müssen?). Es sind auch nicht unbedingt die nostalgisch verherrlichten »guten, alten Sorten«, die da besser schmecken: Sie pflanzt ja auch der Biobauer nicht gerne an, denn sie sind nicht nur anfälliger gegen Schorf und Schädlinge, sondern schmecken oft gar nicht so wie in der kindheitsverklärten Erinnerung; es sind meist Neuzüchtungen, aber eben reif und frisch.

Augenauswischereien

Marken geben Sicherheit: eine Werbe-, Handels- und Konsumentenwahrheit, die seit bald Jahrhunderten von der Wirtschaft, auch der Lebensmittelwirtschaft, bestätigt wird. Wenn man damit die Sicherheit meint zu wissen, wer das Produkt hergestellt oder zumindest verkauft hat und damit eine gewisse Verantwortung übernimmt, dann stimmt das auch. Ein Garant für Qualität ist eine Marke jedoch nicht. Eine Marke, möglichst einem Gütesiegel ähnlich, ist zuerst einmal ein erfundener Qualitätsanspruch. Untermauert durch Behauptungen. Je diffuser, desto unverbindlicher: Wellness, Wohlfühlbauch, gesteigerte Aktivität, Antiaging sind einige dieser unmöglich nachweisbaren Verheißungen.

Wenn man ganz gewieft ist, dann packt man noch ein bisschen Moral in seine Marke und verspricht damit ein gutes Gewissen: Umweltschutz, Nachhaltigkeit, Abbaubarkeit, Bewahren alter Werte, Förderung der Vielfalt …

Sie wohnen trotzdem noch nicht in Biomöbeln, decken sich nicht mit Biodecken zu, trocknen sich nicht mit Biohandtüchern ab, tragen keine Bioschuhe-, -strümpfe, -kleidung? Schlafen nicht auf Biomatratzen, tragen keine Biotaschen? Verwenden keine Biokosmetik? Essen nicht Bio? Und: Sie fahren womöglich kein Biodiesel? Dann müssten Sie wohl ein schwer kranker, egozentrischer Mensch mit kurzer Lebenserwartung sein, der nicht an seine Kinder denkt und keine Tiere mag, der vorzeitig gealtert, höchst nervös und überhaupt uner- und unverträglich ist! Und schämen sollten Sie sich außerdem!

Das Schlimme an diesem willkürlichen Biomarkenbauchladen ist nicht wirklich, dass die Menschen glauben, da wird wohl objektiv geprüft und die Behauptungen werden, da öffentlich und unwidersprochen, schon stimmen. Schlimm ist, dass damit die wirklich seriösen Qualitätssiegel, durchgetestet und durchjudiziert, in einem Meer bunter Aufkleber untergehen. Staatliche Qualitätssiegel sind seriös, auch wenn sie hie und da jemand gesetzwidrig verwendet (aber unlautere Fälle gibt es immer und überall). Doch sie werden oft weniger ernst genommen, weniger geschätzt als die (zu) viel versprechenden Wundermarken. (Eine Übersicht finden Sie im Anhang.)

EU-Studie 2009: Kein nachweisbarer Mehrwert

Ein Paradebeispiel, wie viel heiße Luft auch in staatliche Bioqualitätssiegel (die ja nur die Herstellungsart, nicht die Wirkung garantieren) oder in seriöse Untersuchungen hineingeblasen werden kann, zeigte die kritische Sendung »Panorama, die Reporter« auf NDR: großes Brimborium um eine EU-Studie 2009, an der Forscher europaweit arbeiteten. Nach fünfjähriger Untersuchung, wie nützlich »bio« wirklich ist, wurde ein Viele-hundert-Seiten-Konvolut vorgestellt, auf das sich seither Biojünger gerne berufen. Und wenn man den Verantwortlichen bei der Präsentation vor Journalisten glaubt, endlich, endlich ein Nachweis, dass »bio« hält, was es verspricht: »Die Ökoprodukte haben eine hervorragende Qualität!«, »Sie fangen nicht an zu vergammeln!«, »Keine Pestizide, kein Kunstdünger«, »Sie haben deutlichen Mehrwert!«, »Die Zellmembranen sind da etwas fester, die Äpfel sind knackiger.«

Wieder werden sekundäre Pflanzeninhaltsstoffe bemüht, Antioxidantien, Karotinoide, Linolsäure. »Das Fazit ist ganz klar, der Ökolandbau ist um Klassen besser als der konventionelle Landbau.«

Doch wenn man genau hinschaut, muss man feststellen: Wieder hat eine Studie bewiesen, dass man eigentlich nichts beweisen kann an Biogüte und Ökomehrwert. Was sogar der Koordinator dieser Studie, Urs Niggli, vor laufender Kamera zugegeben hat: »Auch die konventionellen Produkte haben eine relativ hohe Qualität. Wichtige Nährstoffe sind in beiden Systemen auf dem gleichen Niveau.« Und: »Ich denke, dass Menschen, die sich gesund konventionell ernähren, genauso gesund sind wie Menschen, die sich vernünftig ökologisch ernähren.«

Das klingt doch ganz anders, eigentlich konträr zu dem, was vorher von Verantwortlichen der Studie ins Publikum verkündet wurde!

Hier war immerhin von staatlichen, offiziellen Stellen und Marken die Rede. Doch wie glaubwürdig sind dann die speziellen Gütesiegel einzelner Bioverbände in Europa, wie:

Biokreis, Bioland, Biopark, demeter, Ecoland, Ecovin, Gäa, Naturland, Bio Austria, Bio Suisse, Agriculture Biologique, EKO, Soil Association …

Nicht zu vergessen die Handelsmarken:
Ja! Natürlich, Rewe Bio, BioBio, Rotbäckchen, Andechser, Bio-Smiley, Bio Sonne, B!O, Gutbio, Naturkind, Real-Bio, tegut, Rapunzel, Silit, Pure Nature, simple, Santa Verde, Whole Earth und so weiter, und so fort …

… und die einzelnen Bioprodukte:
Bionade, Weleda, Alverde, Dr. Hauschka, Haribo Jelly Farm Bio, Paradiso Bio Pasta und so fort, und so weiter …

Schönbeterei

Hier einige Ergebnisse von Tests staatlicher, höchstmöglich objektiver Konsumentenverbände (VKI, Stiftung Warentest), die genau widerspiegeln, was ungewichtete Ergebnisse zu »bio« versus »nicht bio« in aller Welt ergeben: Einmal ist das eine Produkt besser, dann wieder das andere (ohne Geschmacksurteil). Ein überzeugender Vorteil ist nicht zu erkennen – teuer erkaufte Gewissensberuhigung ausgenommen.

Beispiel Olivenöl (nachzulesen in Konsument 9, 2007): Kein einziges war ohne Umweltschadstoffe, drei Bioöle gehörten zu den negativen Spitzenreitern, die meisten krebserregenden Schadstoffe (DEHP) zeigte wieder ein Bioöl. Doch auch alle anderen enthielten diese oder jene unerwünschten, offenbar unvermeidbaren Zusatzstoffe, alle jedoch unter irgendeiner Gefahrenmenge.

Bei einem verarbeiteten Produkt, »Pesto alla Genovese«, siegt zwar eine Biomarke, doch weitere Bios schneiden unter »ferner liefen« ab, gleich gut, wenn nicht schlechter als wesentlich billigere »böse« Konkurrenz (in Konsument 6, 2007). Das zweitplatzierte Pesto, »nicht bio«, kostet übrigens ein Fünftel (!) des Siegerprodukts.

Ein Gemüsekorb mit 104 verschiedenen Produkten, Äpfel, Kartoffeln, Erdbeeren, Tomaten, Paprika, Salat, brachte im März 2010 ein erfreuliches Ergebnis für alle: Pestizidrückstände sind trotz wieder gesenkter Grenzwerte und trotz weiter verfeinerter Messmethoden rückläufig. Herangezogen wurde das Modell des Deutschen Bundesinstituts für Risikobewertung. Für jedes untersuchte Lebensmittel wurde berechnet, wie hoch die Ausschöpfung der akuten Referenzdosis bei Kindern zwischen zwei und fünf Jahren ist. Keiner der Testkandidaten überschritt diese Dosis.

Was ein wenig verärgert, ist die Analyse dieses Tests. Wieder Biolobbying? » Bei keinem einzigen der Bioprodukte … waren Pestizide nachweisbar.« Das ist schön und gut, aber erlaubt die Folgerung »Bio ist besser« nicht wirklich. Erstens wäscht man Obst, Gemüse und Salat vor dem Verzehr – und damit die Minimalrückstände der Pestizide ohnehin weg. Zweitens sind auch die Rückstände alle unter dem Nullwert anzusiedeln. Und drittens wird hier total auf mögliche Mykotoxine in unbehandelten Produkten vergessen – und auf Umweltbelastung. Aber um diese Faktoren ins rechte Licht zu rücken, wurde ja dieses Buch geschrieben.

Bio, weil es verlangt wird

Lassen wir doch wieder Frau Anja Reschke in ihrer Sendung »Panorama« zu Wort kommen:

»Gerade die Angst vor synthetisch-chemischen Pestiziden treibt die Menschen reihenweise in die Bioläden. Mit wem man auch spricht, jeder behauptet, konventionelles Obst und Gemüse sei derart gespritzt, dass es ja nur krank machen kann. Im Bundesinstitut für Risikobewertung testet man die Wirk- und Giftstoffe und forscht seit Jahrzehnten, wie hoch das Risiko durch Pflanzenschutzmittel heute noch ist.«

Frau Reschke spricht mit der Leiterin der Abteilung Chemikaliensicherheit, Dr. Ursula Banasiak. Die erklärt ihr, dass Pestizide, die natürlich schädlich für Tiere und auch Menschen sind, deshalb vor dem Einsatz sehr genau geprüft werden. Die Risiken sind bekannt und werden bei der Zulassung dieser Mittel untersucht und minimiert.

Anja Reschke unterhält sich mit dem Mitarbeiter einer Obstbau-Versuchsanlage, wie das wohl mit den Bioäpfeln funktioniert, die heute genauso prall und knackig ausschauen wie ein konventioneller Apfel, aber nach Konsumentenüberzeugung nicht gespritzt werden: »Der Wurm macht ja schließlich um den Bioapfel keinen Bogen?«

Man führt sie zu einem ungespritzten Baum: »Wenn man sich die Früchte anschaut, die sind vollkommen verschorft, voller schwarzer Punkte, wenn man keine Behandlung durchführt. Diese Frucht isst keiner.«

Die Behandlung heißt: spritzen. Auch Biobauern müssen einen »entsprechenden Schutzmechanismus«, wie das so euphemistisch genannt wird, aufbringen. »Wir werden oft von Kleingärtnern, Hobbygärtnern gefragt, was denn Biobauern machen, und wenn wir sagen, die spritzen auch, ist dann einen Moment Stille am anderen Ende der Leitung, ich denke, das ist vielen noch gar nicht so klar.«

Einer der größten Gemüsebauern Deutschlands mit riesigen Anbauflächen in Mecklenburg-Vorpommern gibt sich als Biobauer sehr locker. Er macht, wie er selbst sagt, »bio«, weil es verlangt wird. Auf die Frage, warum heute denn »bio« so heilig sei, meint er recht flapsig: »Wir haben es heute mit entwurzelten Menschen zu tun. Auf Beton, in den Städten, kann man sich nicht verwurzeln. Und daher kommt die Sehnsucht nach Natur, nach Ursprünglichkeit, die man gar nicht kennt. Und das bedient die Biobranche.«

Mehltau macht ihm zum Beispiel beim Salat schwer zu schaffen. Bis zu 100 Prozent Ausfall kann es schon einmal im Herbst geben, also null Ernte. Er darf ja keine Fungizide einsetzen, und so spritzt er mit Kupfer. »Im konventionellen Anbau nehmen wir Kupfer nicht mehr, es ist zwar erlaubt, aber die Wirkung ist dermaßen schlecht, das wäre wirklich Umweltverschmutzung, wenn wir die da großflächig einsetzen würden.«

Weniger locker mit dieser fatalen Wahrheit gehen andere Biobauern um, die sich weigern, mit Anja Reschke über Kupfer zu sprechen. Erst am Bodensee, im zweitgrößten Apfelanbaugebiet, gibt ein Biobauer vor laufender Kamera zu, dass auch er seine Äpfel spritzen muss. Er führt sie in seinen Pflanzenschutzraum und zeigt ihr Funguran, ein Kupferspritzmittel, das er sie bittet, lieber nicht anzufassen, Schwefel und Schwefelkalkbrühe. Er bedauert, dass die Warnung »sehr giftig für Wasserorganismen« auf der Packung zutrifft und würde auch lieber nicht spritzen – aber er muss.

Dann geht es um das Wieviel. Am Julius Kühl Institut bei Berlin versucht man seit neun Jahren die Verbreitung von Pflanzenschutzmitteln zu erforschen. Nicht sehr erfolgreich, denn im Gegensatz zu den konventionellen Betrieben, die Zahlen liefern, weigern sich dir Ökoverbände und boykottieren die Studie. »Vielleicht soll überhaupt nicht rauskommen, dass gespritzt wird,« meint der Institutsleiter. Und er hofft, dass auch Ökobetriebe zur Transparenz finden.

11. Kapitel

Die Zukunft

Rückkehr der Aufklärung?

Um einen Blick in die Zukunft zu tun, sollte man sich zuerst einmal die Entwicklung der Lebensmittelproduktion in den letzten Jahrzehnten anschauen.

Seit 1918 ist alleine in Österreich rund ein Drittel der Ackerfläche (600.000 Hektar) durch Verbauung und Versiegelung, wie Straßen, Parkplätze, Landebahnen, Flussregulierungen, verschwunden. Aber die Ernteerträge sind dank modernem Pflanzenschutz und Düngung um das Fünffache gestiegen. Effizienzsteigerungen, Strukturwandel und agrarpolitische Maßnahmen zur Steigerung der Produktion führten in den 1970er- und 1980er-Jahren sogar zu Überschüssen: In Zeiten von »Butterbergen und Milchseen« verblasste das Thema Ernährungssicherung. Dafür sorgte man sich immer übertriebener um Lebensmittelsicherheit und Lebensmittelqualität, in den Medien, in der Politik.

Doch dann wurde das Absatzproblem der Bauern größer: Der EU-Binnenmarkt und die globale Öffnung des EU-Marktes für Agrarimporte führten nicht nur zu verstärktem globalem Agrarhandel, sondern auch zu einem System gegenseitiger Abhängigkeit. Der EU-Beitritt zum globalen Agrarhandel brachte der europäischen Landwirtschaft einen seit 1913 nicht mehr gewohnten Wettbewerb. Glücklicherweise konnten erfolgreiche Qualitätsstrategien, wie die Effizienzsteigerungen in der Lebensmittelverarbeitung, Marktanteile halten und sogar ausbauen.

Damit waren die Probleme aber nicht beseitigt, im Gegenteil, es gab neue: Um internationalen Verpflichtungen in der WTO (Welthandelsorganisation) nachzukommen und um gleichzeitig die EU-Lebensmittelwirtschaft für den Weltmarkt wettbewerbsfähiger zu machen, wurden die Agrarpreise gesenkt. Die Einnahmenverluste der Landwirtschaft versucht man seither durch von der Produktion unabhängige Direktzahlungen auszugleichen. In Österreich ist kein einziger landwirtschaftlicher Betrieb ohne Direktzahlungen überlebensfähig, weder ein Kleinbauer noch ein Gutsherr. Dennoch, trotz hoher Direktzahlungen, stagnieren die landwirtschaftlichen Einkommen, die meisten landwirtschaftlichen Betriebe leben von der Substanz. Früher stolze Erbhöfe werfen trotz Subventionen nur noch mäßige, teils erbärmliche Einkommen ab. Dieses Einkommen wird größtenteils nicht aus dem Betriebsgewinn, sondern in vielen Betrieben überwiegend aus den Abschreibungen finanziert (keine Reinvestitionen). Und so werden Höfe, für deren Erhalt sich Generationen abgemüht haben, nicht mehr übernommen.

Womit Bauern vor allem zu kämpfen haben, sind die niedrigen Agrarpreise. Selbst die 2008 und auch 2010 gestiegenen Preise rechnen sich bei weitem nicht genug, um ohne Direktzahlungen überleben zu können. In Europa müssten sich die Agrarpreise im Schnitt mehr als verdoppeln, damit die Bauern ohne Subventionen auskommen. Das heißt übrigens nicht, dass dadurch die Konsumentenpreise drastisch steigen müssten: Die Agrarpreise machen in der Regel nur zwischen zwei und 15 Prozent des Konsumentenpreises aus!

EU-Betriebe sind im internationalen Vergleich gesehen klein. Zum Beispiel in der Schweinehaltung: In den USA halten mehr als 50 Prozent der Betriebe mehr als 50.000 Tiere, in Österreich wird ein Bauer mit 100 Schweinen für einen Massentierhalter gehalten. Bei unseren »Minimunduslandwirten« ist die innerbetriebliche Logistik damit viel, viel teurer.

Doch der Wettbewerbsnachteil der europäischen Bauern liegt nicht nur an den wesentlich kleineren Strukturen als in Nord- und Südamerika, Australien oder Osteuropa, sondern auch an den kostenintensiven Umwelt- und Tierschutzauflagen und wesentlich höheren Arbeitskosten in der EU. So kostet eine Landarbeitsstunde in Österreich 13 Euro, in Brasilien verdient ein Landarbeiter drei Euro pro Tag! Die Kosten der sozialen Sicherheit betragen in Österreich zirka 30 Prozent des Produktionswerts, außereuropäische Importware ist aber mit diesen Kosten nicht belastet. Das sind die wirklichen Sorgen, die Bauern umtreiben. Aber der Städter und seine Medien, die sehen das ganz anders. Nämlich durch die dekadente Biobrille.

Perverse Wünsche

Die Diskussion über Lebensmittelsicherheit und Qualität, unterstützt durch den Regelungsdrang der Eurokratie, hat mit der Jahrtausendwende geradezu skurrile, paranoide Züge erreicht. Vermeintliche Risiken durch Pflanzenschutzmittel, Gentechnik oder Dünger beunruhigen die überfütterten Konsumenten – wenn man keine Sorgen hat, macht man sich welche.

Gerne fürchtet man sich auch vor medial hochgespielten »Pandemien« mit möglichst klingenden Namen wie »Vogelgrippe«: Man kannte diese schon vor 2004, damals war sie nur als die von Landwirten und Veterinärmedizinern gefürchtete Geflügelpest bekannt. Dann erhielt sie einen zündenden Namen mit dem Beiklang von Tier/Menschen-Monstern – und schon lagerte man die ersten Millionen Mundschutzpakete ein (und da liegen sie noch heute).

Wie unverhältnismäßig heute Essen in den Mittelpunkt des Denkens in Überflussländern gerückt ist, beweisen nicht nur die kilometerlangen Regale mit Kochbüchern und die schon unvermeidlichen, flächendeckenden Kochshows im TV. Auch die vehementen Reaktionen auf jeglichen Beitrag zu dem Thema, egal ob Abmagerungskuren, Gesundheits- oder Schönheitsaspekte und Umwelt-, Tierschützer- oder Moralgedanken, sind fanatisch bis hysterisch. Es gibt sogar schon ein Krankheitsbild, diese Besessenheit betreffend: Orthorexia nervosa, erstmals 1997 in den USA beschrieben, ein zwanghafter Hang zum Perfektionismus, der sich auch auf das Essverhalten auswirkt. Ständig kreisen die Gedanken um das Essen, man hat Schuldgefühle, falls vom Ernährungsplan abgewichen wird, aber auch ein Gefühl der Überlegenheit, gepaart mit Missionierungseifer, um andere (und damit wieder sich selbst) von seinem Ernährungskonzept zu überzeugen.

Zuerst die gute Nachricht

Nun entsteht dieser narzisstische Lebensentwurf ja aus höchster Unsicherheit und Angst. Angst vor Giften, Angst vor unfruchtbarer Umwelt, Angst vor Genzombies. Gespeist aus den 1960er-, 1970er- und 1980er-Jahren, als viele landwirtschaftliche Errungenschaften noch im Experimentierstadium steckten und auch viel Mist gebaut wurde – im wahrsten Sinne des Wortes. In der Zwischenzeit ist viel passiert, sehr viel Positives, auf das man sich endlich konzentrieren sollte, statt religiöse Phantasien (Rudolf Steiner) und negative Definitionen (Biorichtlinien) mit erhobenem Zeigefinger zu predigen und ernsthafte Wissenschaftler oder dem Fortschritt verhaftete Denker zu diskriminieren.

Ein Weg in die vernünftige Richtung ist sicher die integrierte Landwirtschaft (IP), eine Art Bindeglied zwischen der industrialisierten konventionellen Landwirtschaft, die hauptsächlich auf Produktivität ausgerichtet ist, und der ökologischen Landwirtschaft. Auch bei

IP werden Methoden verwendet, die möglichst geringe Auswirkungen auf die Umwelt haben, doch beruft man sich dabei nicht auf irgendwelche kosmischen Kräfte und unbeweisbaren Zusatznutzen, sondern es wird sorgfältig abgewogen, wie die moderne Wissenschaft dabei helfen kann. In der integrierten Produktion wird abhängig vom Nährstoffbedarf der Pflanzen und von Klima und Bodentyp gezielt mit organischen oder Mineraldüngern gedüngt. Pflanzenschutzmaßnahmen werden erst nach Überschreiten bestimmter Schadschwellen getroffen. Dabei werden je nach Befall selektiv wirkende chemisch-synthetische Mittel oder biologische Mittel (wie Nützlinge) eingesetzt.

Auch der Tierschutz ist ein Anliegen bei IP, man will eine tier freundliche Landwirtschaft mit Achtung vor dem Lebewesen nach den Richtlinien des FARM ANIMAL WELFARE COUNCIL mit seinen fünf Forderungen betreiben (siehe Kapitel 7, Von glücklichen Schweinchen und lachenden Kühen) – mit allen modernen Krankheitsvorsorgen, die nötig sind, um Tiere stressfrei zu halten, und den richtigen Futterzusätzen, die den verschiedenen, auch den hochgezüchteten Rassen die nötige Energie bereitstellen.

Fachleute halten die integrierte Produktion in der Landwirtschaft für das optimale Produktionsverfahren. Optimal für positive Nachhaltigkeit, Umweltschutz, Sicherheit der Produkte und Wirtschaftlichkeit. Und globale Ernährungsansprüche.

Für viele Landwirte, auch Biobauern, wäre das die Methode der Wahl. Dagegen spricht leider (noch?) der Druck des Konsumenten, des Handels und auch der Politiker, die sich mit den schon gelernten Schlagworten in die Gunst der Wähler reden und die Subventionen und Vergünstigungen entsprechend unproduktiv verteilen.

Jedenfalls ist der Mehrwert im landwirtschaftlichen Produkt, wie Geschmack, Herkunft, Frische, Sorgfalt oder Umwelt- und Tierschutz, eine Chance für einen Teil der mitteleuropäischen Landwirtschaft. Regionalspezifische, vielleicht ungewöhnliche Sorten, dazu eine individuelle Kombination aus Boden und Klima, nehmen Einfluss auf den Geschmack eines Produkts, können Erfolgsgeschichte schreiben: Die Beliebtheit österreichischer Weine zeigt dies deutlich. Auch Frische ist ein eigener Wert. Oder Tierprodukte, denen man die sorgsame Fütterung anschmecken kann. Und die kenntnisreiche Verarbeitung.

Danach die bessere

Die Weltbevölkerung wächst und wächst und wächst. Und damit der Nahrungsbedarf. Um einen gerne bemühten Spruch (angeblich von Hopi-Indianern, in Wahrheit aber von zwei amerikanischen Geografen erfunden und dann von einem Umweltaktivisten genützt) unserem Thema anzupassen: »Erst wenn Biofarmer ihre Steiner-Allüren beseitigt, Gentechnikgegner ihre Hysterie bezähmt, Europäer ihre Angst vor der Wissenschaft abgelegt haben werden, wird man feststellen, dass man Esoterik nicht essen kann ...«

Die Notwendigkeit, die Ressourcen der Welt mit den Mitteln der modernen Wissenschaft sinnvoll auszuschöpfen, wird hoffentlich auch dem fanatischsten Kosmologiejünger einleuchten, wenn bis 2060 die Weltbevölkerung auf vermutlich etwa 9,5 Milliarden Menschen gestiegen sein wird.

Damit wird der Wert der Lebensmittel, die Wertung des Bauernstands endlich den richtigen Platz einnehmen. Denn, um nochmals die angeblichen Hopis zu zitieren, spätestens dann ist klar, dass man Geld nicht essen kann, dass wahre Produktivität nicht im lukrativen Hinundherschieben von Vermögen und im Wetten auf Verluste liegt.

Die globalen Produktionspotenziale reichen laut Ergebnissen der FAO, der Food and Agriculture Organization of the United Nations, um zwölf Milliarden Menschen zu ernähren. Selbst wenn man 20 Prozent der Fläche für die Erzeugung von biogenen Rohstoffen für Energie und Industrie abzieht, ist die Ernährung der Welt auch mit steigender Geburtenrate bis 2060 gesichert. Unter der Bedingung, dass moderne Ertragssteigerung ermöglicht wird und der Preis von Agrarprodukten sich endlich an der Realität orientiert, also massiv steigt. Schließlich leben, wenn man das so nennen kann, zwei Drittel der Armen und Hungernden von der Landwirtschaft. Sie würden eine echte Wertschöpfung erleben, und in Europa wäre die Abhängigkeit von Subventionen endlich beendet.

Eine Verdoppelung der Agrarpreise würde jedenfalls aus Feldfrüchten direkt essbare und auch noch erneuerbare Bodenschätze machen, würde Geld in die ländlichen Räume der Entwicklungsländer bringen, Investitionen in der Landwirtschaft ermöglichen, die Nachfrage für Konsumgüter und Dienstleistungen ankurbeln. Sie würde den armen Ländern Selbstachtung und Selbstbestimmung bringen und den reichen Ländern ihren Kolonialisierungstrieb abgewöhnen. Selbst die bisherigen Weltmächte mit ihrem Reichtum an Öl, Gas und Kohle würden ein wenig ohnmächtiger werden, wenn auch noch Biosprit die Energieversorgung (wenigstens zum Teil) übernehmen könnte.

Die Sorge oder Hysterie, dass für Biosprit gehungert werden müsste, ist unbegründet. Gehungert wird, weil man in der Landwirtschaft zu wenig verdient: Zwei Drittel der Armen und Hungernden sind Kleinbauern und Landarbeiter. Selbst in biospritkritischen Studien findet man Darstellungsvarianten, die ein deutliches Flächenpotenzial für Bioenergieproduktion zeigen. Das Potenzial ist zumindest so groß, dass der Eigenenergiebedarf der Landwirtschaft gedeckt werden kann. Eigentlich kein neues Problem und auch keine neue Lösung: Früher mussten die Bauern auch Pferde und Ochsen für Zugarbeiten durchfüttern. In Zukunft erzeugen sie Biosprit für Traktoren, Mähdrescher, Trocknungsanlagen und nützen ihn zur Düngerherstellung.

Die größten Risiken für die Absicherung der Ernährung, der Vermeidung von Hunger sind Armut unter Bauern und mangelndes Know-how, mangelnde Ausbildung. Geld gibt's aber nur, wenn die Produktpreise für die Bauern generell steigen. »Bio« als Lösung der Einkommensmisere vorzuschlagen ist vollkommen unrealistisch.

Wie schreibt ein Fachmann so richtig: »Flexibilität in der Bürokratie, Effizienz in der landwirtschaftlichen Produktion und konsumentenorientierte Vermarktung auch durch überbetriebliche Kooperation werden Schlüsselfaktoren für das nachhaltige Bestehen … sein. Die Landwirtschaft hat Zukunft. Reich wird man aber auch weiterhin nicht von der Landwirtschaft werden.«

12. Kapitel

Amen

Argumentationshilfen für den Bioketzer

Alle Religionen haben ihre Dogmen. Die werden in Diskussionen immer wieder lauthals vorgebetet und bei logischen Gegenargumenten stur und zunehmend aggressiv wiederholt. So auch in der Bioreligion. Wenn Sie trotzdem einmal in die unangenehme Lage kommen, mit Biofanatikern diskutieren zu müssen, finden Sie hier die wahren Fakten zu den obligatorischen Behauptungen. Es wird Ihre Diskussionsgegner zwar nicht überzeugen, aber eine kritische Haltung zu »bio«, die Sie durch die Lektüre dieses Buchs hoffentlich gewonnen haben, weiter festigen.

Der Bauer war früher glücklicher …

Mit der Feldarbeit kamen auch die Sklaverei, die Leibeigenschaft und die Erbuntertänigkeit der Bauern über die Menschheit. Lebenslang roboten, gebückt hacken und Lasten schleppen, bei Hitze und Kälte, bei Staub und Nässe im Freien arbeiten, egal wie alt oder jung, war das Schicksal des Bauern in früheren Jahrhunderten. Die Lebenserwartung lag bei etwa 30 Jahren, bei Frauen nur bei 25, da sie sehr oft bei der Geburt von Kindern starben.

… und Bauernkost war schon immer gesund.

Frisches Obst und Gemüse gab es nur in der Saison. Im Winter gab es bis Weihnachten Lageräpfel, dann Dörrobst sowie Kraut,

Kohl, Karotten, Rote Rüben und schließlich nur noch Sauerkraut. Fleisch wurde durch Einsalzen oder Selchen konserviert. Brot wurde alle paar Wochen gebacken und dann im Keller in Brotladen gelagert, wo es bald steinhart war: Das Bauernleben war ein hartes Brot. Man aß oft Verfaultes, Verschimmeltes, vergiftete sich an Mutterkorn und hungerte dem Frühjahr entgegen, vergriff sich in Verzweiflung am Saatgut und hatte dann im folgenden Jahr nichts mehr zu säen und schon gar nichts zu ernten.

Pestizidfrei ist besser?

Die Hungersnöte der letzten 1000 Jahre in Europa waren nicht nur auf das schlechte Wetter zurückzuführen, sondern auch auf »bio«-Anbau und mangelnde Hygiene. Im Mittelalter litt man mindestens alle zehn Jahre Hunger, weil Ernten ausfielen oder Schädlinge sich darüber hermachten (von den Kriegsschädlingen nicht zu sprechen). Die berüchtigtste Hungersnot der jüngeren Vergangenheit, der Ausfall der Kartoffelernte durch Kartoffelfäule 1845 bis 1849 in Irland, mit 1.500.000 Toten und einer Auswanderungswelle nach Nordamerika, wäre mithilfe moderner Landwirtschaftsmethoden nie passiert.

Chemie ist schlecht.

In der unbeackerten, freien Natur hat man es mit recht unnatürlich klingenden Elementen wie Wasserstoff, Sauerstoff, Stickstoff, Kohlenstoff, Phosphor und Kali, also ebenfalls mit Chemie, zu tun – alles Leben ist Chemie. Wichtig auch: Schwefel und Spurenelemente. Ohne sie gäbe es keine Flora und damit auch keine Fauna (wie uns) auf der Erde.

Monokultur ist böse.

Landwirtschaft ist per se *immer* Monokultur, denn Ziel ist es, eine bestimmte Pflanze zu ernten und anderes Grünzeug zu eliminieren; auch eine Reihe Salatpflanzen im Küchenbeet ist Monokultur.

Der Mensch muss sich in den natürlichen Kreislauf einfügen.
Der Mensch ist und bleibt ein »Störenfried«, selbst wenn er sich noch so bemüht: Wir bauen Pflanzen auf Böden, in Klimazonen an, wo sie gar nicht hingehören. Wir schaffen die Pflanzen weg – zum Markt, zum Verbraucher – und rauben dem Boden damit Mineralien. Die viel zu viel anfallende Jauche wird in die Gewässer geschwemmt oder durch Kläranlagen verändert. Auch Phosphor entfernt der Mensch aus dem Kreislauf, indem er die Knochen von Tieren nicht auf den Feldern zerbröseln lässt.

»Bio« schont den Boden.
Die Biomethode Aushacken zur Unkrautbekämpfung stört die Bodenfauna erheblich. Wie auch das Ausreißen. Keine gute Idee für den Boden. Wie die eigentlich zur Bodenschonung und Erholung gedachten ökologischen Ausgleichsflächen und vernachlässigten Kulturflächen im Biolandbau einer der mögliche Gründe für die zunehmende Bedeutung der besonders lästigen Ackerkratzdistel sind – man züchtet sich die Unkräuter selber, die Katze beißt sich in den Schwanz.

Nur »bio« setzt Nützlinge ein.
Tun andere auch.

Nur »bio« verwendet Jauche.
Tun andere auch.

»Bio« ist der beste Weg zum Vegetarier.
Vegetarismus und »bio« schließen sich als Systeme aus: Fast zwei Drittel der biologisch erzeugten Produktion sind nur über Tiere verwertbar (Gras, Klee, Luzerne, unverkäufliches Fleckengemüse und Obst, ...).

»Bio« verwendet keine Pestizide.
Das kommt nur auf die Definition an: Auch die Biokampfmethoden Kupfer, Schwefel, Schwefelkalk, Phyretrum und Bt sind

Pestizide und auch noch hochgiftige. 40 Prozent der in der Landwirtschaft verwendeten Pestizide sind Biopestizide, die auf 20 Prozent der Agrarflächen, also viel konzentrierter als beim konventionellen Landbau, verteilt werden.

Alle Nichtbiowaren sind pestizidbelastet.
Gesundheitliche Warnungen haben fast nie Pflanzenschutzmittelrückstände als Ursache! Häufigste Ursache sind natürliche Aflatoxine (vor allem in Nüssen) und Salmonellen.

Pestizide sind die gefährlichsten Gifte des täglichen Lebens.
Von den 579 in Österreich zugelassenen Pflanzenschutzmitteln, von denen sechs als giftig und zwölf als sehr giftig (nur mit Giftbezugsbewilligung erhältlich) eingestuft sind, ist keines giftiger als Benzin! Der Großteil der im konventionellen Landbau benutzten Mittel ist jedenfalls ungefähr gleich »giftig« wie ein Geschirrspülmittel. Duftstoffe und Bestandteile ätherischer Öle aus Duftkerzen, die zur Pflichtausstattung jedes Ökohaushalts gehören, schlagen die meisten Pestizide betreffend Giftigkeit.

Mit dem üblichen Gemüse und Obst isst man gesundheitsschädliche Pflanzenschutzmittel.
Jedes Obst wird daraufhin kontrolliert – auch das mit synthetischen Pflanzenschutzmitteln behandelte –, ob die gesundheitlich relevante Grenze überschritten wird. Schon gesetzlich hat die Risikogrenze einen derartig großen Sicherheitsfaktor gewählt, was Rückstände betrifft, dass kein gesundheitsbeeinflussender Effekt da sein kann. Man spricht dabei von einer Nullwirkung.

Man kennt den Effekt der addierten Rückstände nicht.
Auf die Idee, sie zu addieren, wäre man schon gekommen, wäre es möglich. Doch Nullwirkung und Nullwirkung ist Nullwirkung.

Apfelbäume, mit Antibiotika gespritzt, tragen Antibiotikaäpfel.
Man spritzt nicht die Äpfel, sondern die Blüten. Rückstände gibt es dadurch im Apfel, wenn überhaupt, nur im Molekülbereich mit Nullwirkung. Im Gegensatz zu schimmeligem Obst: Natürlicher Schimmel beinhaltet einen ganzen »Geschenkkorb« an antibiotisch wirkenden Stoffen.

Biopflanzen haben mehr Inhaltsstoffe.
Stimmt. Allerdings nicht immer. Und wenn, dann auch mehr schädliche. Dazu gehören auch Gifte, die die Pflanze selbst zur Abwehr von innen entwickelt, wenn ihr nicht mit Pestiziden von außen geholfen wird.

Biogemüse ist reicher an Mineralien und Spurenelementen.
Fehlanzeige. Wurde noch in keinem ernsthaften Test bewiesen.

Biolebensmittel werden vom Körper leichter aufgenommen.
Ebenfalls Fehlanzeige. Ist eine nirgends nachgewiesene Behauptung.

Sekundäre Pflanzeninhaltsstoffe sind gesund.
Es gibt nicht nur gute, sondern auch hochgiftige. Die Dosis toxischer sekundärer Pflanzeninhaltsstoffe, die mit der Nahrung aufgenommen wird, ist höher als die von Pflanzenschutzmittelrückständen.

Die geringeren Bioerträge ergeben höhere Fruchtqualität.
Die geringeren Erträge bei »bio« ergeben sich nicht durch weniger Früchte am Baum, sondern durch weniger brauchbare Früchte. Der Biobaum muss genauso viel leisten wie ein anderer Baum. Unterschiede ergeben sich manchmal durch Mangelböden bei »bio«, wenn zum Beispiel bei Stickstoffmangel Früchte besser ausfärben und festere, haltbarere Früchte wachsen. Aber auch das ist kaum feststellbar.

Die Natur weiß, was gut ist.
Gut für wen? Für die vielen Insekten, Käfer, Wühlmäuse, Fadenwürmer, die sich mit Begeisterung auf Feldfrüchte und ihre Wurzeln stürzen! Auch die für den Menschen schlimmsten Gifte kommen aus der Natur!

»Bio« ist gesünder.
Mykotoxine, Schimmelgifte, gegen die Bio-Bauern wegen der selbst gewählten Abstinenz erfolgreicher Präparate nur mit Schwefel und Kupfer kämpfen können (selbst hoch giftig und dazu noch recht wirkungslos), schädigen das Zentralnervensystem ebenso wie das Immunsystem, das Erbgut und den Fötus; sie können Hautreizungen, Organschäden an Leber und Nieren und allergische Reaktionen hervorrufen und Stoffwechselprozesse hemmen; und sie wirken krebserregend.

»Nicht Bio« macht krank.
Noch nie sind die Menschen so alt geworden wie jetzt! Und so gesund alt geworden.

Kupfer und Schwefel sind gesund, weil vom Körper benötigte Spurenelemente.
Quatsch! Wir brauchen sie nur in geringsten Dosen, die wir mit dem normalen Essen mitbekommen. Jedes Zuviel ist dagegen ernsthaft gesundheitsschädlich. Schafe sterben auf kupferverseuchten Wiesen, Wasserorganismen in kupferverseuchten Gewässern. Kupfer verätzt die Augen, schadet beim Einatmen der Lunge, schädigt beim Einnehmen die Nieren. Und Kupfer sitzt nicht nur auf, sondern auch in der Pflanze, kann also nicht abgewaschen werden. Auch Schwefel, ein Hauptbestandteil von Smog und saurem Regen, der für Waldsterben, tote Gewässer und unfruchtbare Erde verantwortlich gemacht wurde, ist giftig, lässt bei Bodenübersäuerung die jungen Wurzeln im Boden absterben.

»Bio« bewahrt die Vielfalt.

Wenn die Vielfalt von Unkraut, im Biojargon liebevoll Beikraut genannt, gemeint ist, stimmt das. Das ist jedoch ein Zeichen von minderen, ausgelaugten Böden. Wollen wir das? Bei Ungezieferbefall schützt sich übrigens auch der Biobauer mit einem Bioauszug aus Neemsamen die Pflanzen vor Läusen, Kartoffelkäfern, Wanzen, Maikäfern und Schmetterlingen, indem die Substanz in deren Hormonsystem eingreift: Die Insekten hören auf zu fressen, die Larven verpuppen sich nicht mehr, die Weibchen bilden keine Eierstöcke mehr aus. Und Kupfer, das Lieblingsmittel der Biojünger, kann Kleinstlebewesen im Wasser und Boden schädigen. Förderung der Vielfalt?

Lebensmittel werden immer gesundheitsgefährdender.

Nein, die Messmethoden werden immer genauer. Und die Darstellung von Veränderungen immer hysterischer: Die Erhöhung gewisser Inhaltsstoffe wird zum Beispiel nicht prozentuell zum Gesamtbild genannt, sondern in Relation zur Untersuchung des Vorjahres. Man berichtet von einer skandalösen Steigerung von 100 Prozent statt von den realen 0,01 auf 0,02 Prozent.

Rudolf Steiner, der Gründer der Biobewegung, war ein Menschenfreund.

Mitnichten. Der Gründer der Anthroposophie war ein ausgesprochener Rassist mit faschistischen Tendenzen, war überzeugt von seiner, der weit überlegenen »kaukasischen Rasse«, die auf dem Weg zum Geistigen sei. (»Die Menschen, welche ihr Ich-Gefühl zu gering ausgebildet hatten, wanderten nach dem Osten, und die übrig gebliebenen Reste von diesen Menschen sind die nachherige Negerbevölkerung Afrikas geworden.«) Und er hatte keine Ahnung von der Landwirtschaft. Ein führender Philosoph, Prof. Dr. Alfred Bäumler aus Berlin, wusste bereits 1938: »Die biologische Wirklichkeit wird von ihm nicht nur übersehen, sondern bewusst in ihr Gegenteil verkehrt. Die Anthroposophie ist eines der konsequentesten antibiologischen Systeme, die es gibt.«

Traditionsreiche Fruchtfolge, Drei- oder Vierfelderwirtschaft, rettet den Boden.
Wenn das Wetter perfekt ist, wenn es genau richtig feucht, aber auch nicht zu trocken ist, regeneriert sich der Boden nach einem Jahr Sommergetreide, einem Jahr Wintergetreide, einem Jahr mit Leguminosenanbau (Erbsen et cetera) und einem Jahr Brache (oft als Weide genützt). Da das fast nie der Fall ist, die Bodenbeschaffenheit damit nie ideal, muss man nachdüngen. Bei »bio« zum Beispiel durch ein weiteres Leguminosenjahr, das dann möglicherweise einen Stickstoffüberschuss bedeutet: Biodüngung lässt sich nicht dosieren!

Pestizide aus der Natur sind harmlos.
Brennnesseljauche wirkt durch Ameisensäure, die zu schweren Verätzungen führt. Nikotinsud enthält ein krebserregendes Nervengift. Seifenlauge ist fast wirkungslos, aber dafür umso umweltverschmutzender für Gewässer. Also: Sind sie wirkungsvoll, müssen sie giftig sein. Sind sie wirkungslos, verschmutzen sie »nur« die Umwelt.

Biologische Insektizide erzeugen keine Resistenzen.
Irrtum. Beispiel Granuloseviren, ein erlaubtes Biomittel gegen den Apfelwickler. Nach einigen Jahren der Anwendung waren sie wirkungslos, weil sie ein Gen auf dem Geschlechtschromosom des Falterweibchens veränderten (GENMANIPULATION! AUCH NOCH UNFREIWILLIGE, FATALE!), das es hunderttausendfach weniger anfällig gegenüber den Granuloseviren machte. Den Schutz gab es dann an seine Nachkommen weiter. Weil Ökolandwirte nur wenige Mittel einsetzen dürfen, können auch solche einzelnen Resistenzen verheerend wirken!

Bio schmeckt besser.
Nein. In Blindtests, egal ob von der Bio-pro- oder der Bio-kontra-Fraktion, konnten bisher keine Geruchs-, Geschmacks- oder Konsistenzvorteile festgestellt werden. Reife Früchte schmecken

besser, bestimmte Sorten schmecken besser, Fleisch besonderer Tierrassen, gut gefütterte Tiere schmecken besser. Frische schmeckt besser.

Eine UNO-Weltstudie des Agrarrats in Paris von 400 Experten empfiehlt die Biolandwirtschaft.

Stimmt nicht. Die Studie wendet sich gegen zerstörerische Ausbeutung, empfiehlt, die Bodenbedingungen, die Umweltbedingungen der verschiedenen Regionen zu berücksichtigen. Von Biolandbau oder gar böser Gentechnik ist dort keine Rede.

Veganer helfen bei der Verminderung der klimaschädlichen Tierhaltung.

Veganer brauchen wegen ihrer Mangelernährung Nahrungsergänzungsmittel wie das Vitamin B12, das mit tierischem Eiweißen stabilisiert wird und in vielen Softdrinks enthalten ist.

Gentechnik vermischt die Arten.

Arten sind vermischt! Der Hefepilz hat 35 Prozent gleich Gene wie der Mensch, man findet ihn im Weißbier, im Wein. Menschen haben viele gleiche Gene auch mit Pflanzen, egal ob Karotten oder Blumenkohl. Wir teilen 30 Prozent unserer Gene mit der Banane!

Agent Orange war der Beginn der Gentechnik.

Das Entlaubungsmittel Agent Orange, im Vietnamkrieg eingesetzt, um Bäume zu entlauben und die darunter befindlichen Feindeslager entdecken zu können, ist ein Dioxin, das nichts mit Gentechnik zu tun hat. Noch heute leidet eine halbe Million Menschen unter den Spätfolgen dieses Umweltwahnsinns. Es wurde auch von der Firma Monsanto hergestellt und geliefert, sicher ein Verbrechen gegen die Menschlichkeit. Aber bei dieser Denkweise dürfte man dann auch keinen Krupp-Stahl mehr kaufen, keinen Volkswagen mehr fahren oder keine Medikamente der Firma Bayer verwenden …

Biobauern arbeiten gentechnikfrei.
Tun sie nicht. Fast alle landwirtschaftlichen Produkte haben zum Beispiel irgendwie mit Soja zu tun. Und Sojaanbauten sind weltweit hochprozentig transgen, werden bei der Lieferung oder Verarbeitung mit anderen vermischt, niemand kann das mehr feststellen. Aber behauptet wird es. Bei Milch, bei Fleisch, bei Käse ... Übrigens: »bio« setzt ganz offen die Weiße Gentechnik ein, nämlich gentechnisch erzeugte Hefe (Vitamin B12), die von gentechnisch veränderten Organismen erzeugt wurde.

Gentechnik ist an den vielen Allergien schuld.
Im Gegenteil, Gentechnik kann davor warnen: Allergene kann man genau abtesten, davor warnen oder sie vermeiden helfen. Natürlich nicht alle, irgendjemand ist immer gegen irgendetwas allergisch, aber das hat mit Gentechnik nichts zu tun.

Biokontrollen sind sicherer.
Sie sind nicht sicherer, auch nicht häufiger, dafür aber teuer. Noch dazu werden sie von Firmen durchgeführt, die von den Biobauern selbst bezahlt werden.

Der finanzielle Aufwand für »bio« ist gerechtfertigt.
Biokontrollen laufen parallel zu den staatlichen Kontrollen, es wird also bei der Lebensmittelsicherheit doppelt gemoppelt. Die Bio-Zertifizierungskosten, die selbst erfundene, teils unproduktive Regeln kontrollieren, betragen laut einer EU-Studie europaweit in Summe an die 200 Millionen Euro. Dazu kommen Ausgaben des Staates für die normale Lebens- und Futtermittelkontrolle, die Zulassung von Biopflanzenschutzmitteln, die Kontrolle der Biobauernförderung, die Beamten, die in Ministerien, Landesregierungen, in Agenturen für Ernährungssicherheit und Kammern mit Bioverwaltung, Bioberatung, Bioforschung und Biomarketing beschäftigt sind. Alles in allem zahlen Österreicher 200 Millionen Euro, Deutsche 400 Millionen Euro in die bodenlose EU-Biokasse.

Biobauern sind ärmer dran.
Im Gegenteil. Durch die verschiedenen Subventionen verdienen Biobauern bei weniger Aufwand im Durchschnitt mehr als konventionelle Bauern. Und zwar zwischen neun und 20 Prozent mehr als »normale Bauern«, obwohl die Erträge im Biolandbau um 30 bis 50 Prozent niedriger sind als in der konventionellen Landwirtschaft.

Weniger wegwerfen löst das Welthungerproblem.
Bereits heute hat eine Milliarde Menschen nicht genug zu essen, und zwar nicht bei uns, sondern in Ländern, wo es sich ohnedies niemand leisten kann, etwas wegzuwerfen. Überflüssige Nahrungsmittel an Hungernde zu verteilen hat auch negative Konsequenzen, wie das Beispiel »Hühnerflügel für Afrika« gezeigt hat, wo arme Kleinbauern plötzlich kein Einkommen mehr aus ihrer Hühnerhaltung hatten. Wie heißt es so richtig: »Schenke dem Hungernden keinen Fisch, sondern eine Angel.« Übrigens wird 2030 der Nahrungsbedarf nach Aussage der Vereinten Nationen um 50 Prozent gestiegen sein: Das verlangt nach ganz anderen Lösungen.

Bio-Landwirschaft könnte die ganze Welt gesünder ernähren.
Studien zeigen, dass die Ernährung der Weltbevölkerung auf Biobasis theoretisch möglich ist (ob sie gesünder ist, darf bezweifelt werden), wenn alle Flächenreserven ausgenutzt werden und gleichzeitig alle Menschen weltweit den Fleischkonsum um die Hälfte reduzieren. Und wenn es keine Dürren, Tierseuchen, Pflanzenseuchen und Schimmeljahre gibt. Wenn also ein Wunder geschieht.

Biobegeisterte sind friedliche Menschen.
Nichts ist so unfriedlich wie Biofanatiker. Ihre Diskussionskultur ist erbärmlich, jede andere Meinung wird heftig niedergemacht. Sie schrecken nicht davor zurück, Häuser anzuzünden, die Ergebnisse jahrelanger Forschung zu zertrampeln, mit Drohbrie-

fen und Handgreiflichkeiten Leute in Angst zu versetzen und sie damit zu erpressen, teures Gerät zu zerstören und damit Unsummen an Geld zu vernichten.

Gentechnik ist noch nicht genügend erforscht.
Wann ist es »genügend«? Laut Frau Künast erst, wenn man etwas gegen Gentechnologie findet. Aber logisch gesehen? Seit 1995 werden Gentechnikpflanzen in großem Stil angebaut, 2008 waren es bereits 125 Millionen Hektar, mehr als die ganze Ackerfläche Europas, und es ist kein ökologisches Desaster und kein gesundheitlicher Zwischenfall bekannt. Weder in den USA noch in Kanada, Indien, China, Brasilien oder Argentinien. Auch nach langjährigen Tests mit gentechnisch veränderten Nutzpflanzen, weltweit bisher in über 840 Freilandversuchen, gibt es nicht einen einzigen Fall, in dem durch die Freilandversuche negative Auswirkungen auf Menschen, Tiere oder Umwelt beobachtet wurden. Eine derartige Produktsicherheit könnte man sich für Arzneimittel nur wünschen.

Im Biogemüse sind mehr Antioxidantien enthalten, die freie Radikale fangen und zum Antiaging beitragen.
Blödsinn. Sie sind zum Beispiel in egal welchem Rotwein, egal welchem Bier vermehrt enthalten. Ob sie wirklich als Jungbrunnen wirken, ist umstritten.

Biokontrolleure sind objektiv.
Kann sein, muss aber nicht. Die Optik ist jedenfalls schräg, da sie von den Betrieben bezahlt werden, die sie kontrollieren.

Pestizide vergiften Bauern in Entwicklungsländern.
Stimmt. Nämlich die, die nicht lesen können und die Mittel falsch anwenden. Es sind ja dieselben Mittel wie hier, auch hier vergiftet man sich durch Ungeschick. Die immer wieder auftauchenden Vergiftungsmeldungen aus Afrika und Indien sind jedenfalls beliebig (je nach Pressebericht) einmal durch giftige Düngemittel,

dann wieder durch giftige Pestizide verursacht worden – schlichte Angstmache.

Krebserregende Pestizide werden massenhaft mitgegessen.
Schwachsinn. Bruce Aimes, einer der berühmtesten Toxikologen der Welt, hat bewiesen, dass man in einem Jahr durch Pestizidrückstände des konservativen Landbaus bloß so viele krebserregende Stoffe einnimmt, wie in einer Tasse Kaffee enthalten sind.

Bienen sterben durch Pestizide.
Wenn zu viele Pestizide ausgebracht werden, dann ja. Übrigens auch, wenn zu viel der biologisch erlaubten Pestizide versprüht werden. Wie beim vorsorglichen Beizen der Maissaat: Damit gefährdet man die vielen Bienen, die gerade zu der Zeit, wo die Beizstoffe in der Luft wirbeln, ausschwärmen. Das Problem wäre einfach zu lösen: mit gentechnisch veränderten Pflanzen, die nur die Schädlinge abwehren und den Bienen nichts machen. Tja.

20.000 Baumwollarbeiter sterben jährlich an Pestiziden.
Ständig wird dieser WHO-Artikel zitiert, ohne dass ihn jemand gelesen hätte. Erstens sterben diese Menschen, vorwiegend Frauen und Kinder, nicht nur in Baumwollplantagen (wie Organic-T-Shirt-Erzeuger gerne behaupten), und zweitens sind nicht die Pestizide schuld daran, sondern die falsche Anwendung (siehe oben). Hier sollte angesetzt werden (Analphabetentum, Schutzkleidungspflicht et cetera). Die Ziffer ist auch nur eine Hochrechnung von einem angenommenen Risiko und nie in der Praxis gezählt worden. Mit ähnlicher Gewissheit kann man eine gleich hohe Zahl von Leuten angeben, die am Bierkonsum oder an fetten Schnitzeln sterben – ein fachlicher Unsinn!

Nur Biobaumwollkleidung ist ungiftig.
Ein aus »normaler Baumwolle« gearbeitetes T-Shirt »… ist mit rund 150 Gramm Pestiziden belastet …«, wird immer wieder behauptet. Recht geschickt formuliert, könnten die 150 Gramm

ja auch in dem T-Shirt stecken und beim Tragen wie beim Hemd des Nessos in die Haut sickern und Krankheit und Tod herbeiführen. Die 150 Gramm wurden vielleicht bei der Herstellung versprüht und sind vielleicht auf der Pflanze, in Luft und Boden zu finden, aber sicher nicht in dem verarbeiteten T-Shirt.

Dazu eine kurze Rechenaufgabe: Die Erträge bei Baumwolle betragen zwischen 300 Kilogramm (Afrika) und 900 Kilogramm (USA) pro Hektar. Der optimale Einsatz wird bei zirka vier Kilogramm Pestiziden pro Hektar liegen. In Afrika setzt man im Durchschnitt zwei Kilogramm ein, von China wird ein Overkill von 40 Kilogramm berichtet. Ein T-Shirt wiegt zirka 200 Gramm. Das heißt, wenn ich extensiv produziere, also nur 300 Kilogramm ernte, brauche ich für ein T-Shirt 1,3 Gramm Pflanzenschutzmittel; produziere ich intensiv brauche für ein T-Shirt 0,9 Gramm Pestizide. Selbst bei dem Missbrauch in China bleiben nur 26 Gramm PSM-Aufwand – nicht T-Shirt-Giftigkeit! Wenn es Gifte auf den T-Shirts gibt, dann stammen sie fast immer von Färbestoffen oder Mottenmitteln. Pestizidreste gibt es maximal im Boden.

Lokale Produkte verbrauchen immer weniger Energie.
Irrtum. Ein heimischer Apfel, im April gegessen, hat im Kühlhaus mehr Energie verbraucht als der vergleichsweise frische mit dem Schiffstransport aus Neuseeland.

Kleine Bauernbetriebe sind umweltfreundlicher.
Große Farmen sind einfach energieeffizienter.

Alte Rinderrassen sind umweltfreundlicher als Neuzüchtungen.
Sind sie nicht. Der Ausstoß an klimaschädlichem Methangas ist bei alten Rassen unterm Strich wesentlich höher. Nicht, weil sie öfter rülpsen als ihre Hochleistungsgefährten, sondern weil man mehr Tiere braucht, um eine gewisse Menge an Milch zu erzeugen: Um 9000 Liter Milch zu erzeugen kann ich eine Turbokuh oder drei Biokühe halten.

Freilandtiere sind und leben gesünder als Stalltiere.
Nun, alle Tiere in der freien Natur sind den Krankheiten der freien Natur ausgesetzt. Wie da sind: Salmonellen bei Hühnern durch im Gras verteilten Mäuse- und Rattendreck, wo sie auch gleich Dioxine aus dem Boden mitpicken.

Die Almen sind die ursprüngliche Kulturlandschaft.
Diese Landschaftsformen entstanden in vielen Gebieten erst, als es das geeignete Transportmittel für Fleisch gab, mit der Eisenbahn. Am anderen Ende der Schienen steht immer eine Metropole mit vielen, vielen Tausenden von Menschen, die damit ernährt werden.

Konventionelle Bauern spritzen Hormone und Antibiotika.
Geschlechtshormone oder andere Hormone sind nirgends zugelassen und waren es auch nie! Auch Dopingmittel sind verboten. Antibiotika wurden früher zu sorglos eingesetzt, sind seit 2006 verboten. Antibiotika werden nur zur Impfung und gegen Krankheiten eingesetzt (bei »bio« *und* »nicht bio«). Stärkungsmittel für Kälber sind dieselben, die der Mensch für seinen Nachwuchs oder zur Stärkung seines Immunsystems nimmt, wie Probiotika (im Joghurt).

»Bio« fügt sich ins Haus der Natur.
Diese Vorstellung eines Idealzustands, des geordneten Haushalts, ist eine zutiefst anthropozentrische Träumerei. Wenn ich Nahrungsmittel erzeuge, egal welche, dann greife ich in den Haushalt der Natur ein. Die Natur ist stets in Bewegung, kein Stein bleibt jemals für immer auf dem anderen.

Biofleisch schmeckt besser.
Ja, wenn es von bestimmten, langsam wachsenden Rassen kommt, die auch auf Biohöfen öfter gehalten werden. Dasselbe Geschmackserlebnis hat man aber ebenfalls, wenn ein konventioneller Bauer diese Rassen hält. Aber selbst ein Bauer, der

schneller wachsende Rassen hält, kann gute Qualität liefern, wenn er sie richtig füttert.

»Bio« verwendet keine Futterzusätze.

Falsch. Der Alpenraum ist aus geologischen Gründen ein Mangelgebiet, deshalb werden Probiotika, Vitamine und essenzielle Spurenelemente wie etwa Selen und Jod flächendeckend in das Tierfutter eingemischt. Mischfutterhersteller beliefern auch den Biobereich. Der Unterschied ist: Bei »bio« kostet es mehr, weil die Komponenten teurer erzeugt werden. Und manche Dosierungen sind knapper gehalten. Aber auch Biobauern müssen Vitamine zusetzen, sonst würden sie heftige Fruchtbarkeitsprobleme bei ihren Tieren haben.

Früher waren die Tiere gesünder.

Wer das behauptet, hat noch nie einen Blick in die alten Veterinärmedizinbücher gemacht, die strotzen von Bildern über die Auswirkung von Kupfermangel, Eisenmangel, Zinkmangel. Das waren früher Riesenprobleme.

Biobauern machen unabhängig vom Sojaimport.

Machen sich selbst unabhängig vom Sojaimport: Die können es sich eben leisten, benötigtes Eiweiß anders und viel teurer herzustellen oder zu kaufen. Wenn man aber alles Vieh mit heimischem Futter zu ernähren versuchte, würden etwa 80 Prozent der Tiere verhungern.

Jeder Landwirt kennt die Eiweißlücke in Europa. Bisher hat man in Österreich und Deutschland in größeren Mengen aber nur Speisesoja produziert, kein Futter. Die Eiweißlücke ließe sich weitgehend aber auch anders schließen, durch Verfütterung von Tiermehl an Schweine und Hühner und mit den Nebenprodukten der Biospritproduktion. Das wäre echte Unabhängigkeit von Sojaimporten vom anderen Ende der Welt. Aber das ist »unethisch«. Stattdessen verbrennen wir wertvolles tierisches

Eiweiß und machen Hühner und Schweine zwangsweise zu Vegetariern.

Biobauern sind kleine Betriebe.
Nicht unbedingt. Im Durchschnitt sind Biobetriebe größer als konventionelle. Etliche größere Biobetriebe im kleinen Österreich bewirtschaften ein paar hundert Hektar, unter anderem auch die Gutsbetriebe der Gemeinde Wien.

Biobetriebe haben kaum Ernteverluste.
Völlig falsch, wird aber immer wieder behauptet (und trotzdem für Subventionen die Hand aufgehalten). Im Schnitt erntet man zwischen 30 und 50 Prozent weniger. Aber von dieser geringeren Ernte ist oft nur die Hälfte verkaufbar (Flecken auf Äpfeln, Schorf auf Kartoffeln), der Rest wird weggeworfen.

»Bio« hilft der Dritten Welt.
Vielleicht durch Einführung einer moderneren (leider nicht modernen) Landwirtschaft, aber nicht durch Biozwänge. Es gibt keine reellen Vergleichstudien dazu, nur unlautere Behauptungen: Von den 300 oft zitierten, angeblich so erfolgreich Biolandwirtschaften der UNCTAD waren nur 14 wirklich »bio«, und diese waren nur deswegen halbwegs erfolgreich, weil sie direkte Abnahmeverträge mit Europa hatten oder geförderte Projekte waren. An den normalen Bauern in Entwicklungsländern gehen diese Studien völlig vorbei.

»Bio« hat die beste Energiebilanz.
Sorry, nach einer Untersuchung von 2009 hat ein konventioneller Betrieb mit Tierhaltung (Stickstoffversorgung über Gülle) eine weit bessere Energiebilanz als ein vergleichbarer Biobetrieb!

Gentechnisch veränderte Pflanzen brauchen mehr Herbizide.
Wieder eine polemische Behauptung. Es stimmt, es wurden mehr von gewissen Herbiziden verwendet, von anderen aber viel

weniger. Und warum? Natürlich wird der Einsatz an Glyphosat und Round-up steigen, wenn man Round-up-ready-Sojabohnen anbaut: Die gentechnisch erzeugte Herbizidresistenz dieser und anderer GMO-Pflanzen ist ja dazu da, unempfindlich gegen diese Mittel zu sein, damit man sie gegen Unkraut einsetzen kann, ohne die Sojapflanze ebenfalls umzubringen. Der Einsatz gewisser Herbizide ist aber dort gestiegen, wo gewisse pestizidresistente Genpflanzen angebaut wurden: Logisch, dort braucht man sie jetzt, dort wirken sie zielgerichtet. Abgesehen davon ist Herbizidresistenz in der Genforschung ein alter Hut, heute arbeitet man in der Gentechnik schon an ganz anderen Dingen, wie etwa Widerstandsfähigkeit gegen Trockenheit, Pilzbefall, Abbau von Giftstoffen, Verbesserung der ernährungsphysiologischen Qualität.

Gentechnik nützt nur Großkonzernen.
Ein besonders gutes Gegenbeispiel: der goldene Reis. Von zwei deutschen Genforschern mit der Gratisunterstützung durch sechs Multikonzerne entwickelt. Damit kann man über 100 Millionen Kinder auf unserer Welt, die alle an Vitamin-A-Mangel leiden, vor ihrer Mangelernährung retten und ihnen Erblinden oder sogar den frühen Tod ersparen. Er wird kostenlos und ohne Beschränkung an bäuerliche Selbstversorger abgegeben. Jede Ernte kann zur Wiederaussaat verwendet werden. Sie schafft keinerlei neue Abhängigkeiten, und sie bietet reichen Landbesitzern keine Vorteile.

Gengegnerproteste strafen die Multis.
Gerade der verbissene Kampf gegen Gentechnik spielt indirekt Konzernen wie Monsanto in die Hände, schafft unnötige Abhängigkeiten von Großkonzernen: Wissenschaftler in unabhängigen Institutionen werden durch unglaublich kostspielige Auflagen, Testverfahren, die sich nur die (teilweise zu Recht) bekämpften Multis leisten können, daran gehindert, die Techniken der genetischen Modifikation so zu gestalten, dass sie schneller besser, umweltbewusst und sicher werden. Und billiger.

Gentechnik ist unberechenbar.

Im Gegenteil, bei Gentechnik weiß man genau, was man wo einsetzt. Unkontrollierte »konventionelle« Kreuzungen von Pflanzen sind gefährlich, da dabei unbekannte Eigenschaften mitgekreuzt werden.

Gentechnik hat unbekannte Nebenwirkungen.

Seit 20 Jahren essen 200 Millionen Amerikaner Genfood, und noch nicht ein Fall von gentechnikverursachten Krankheiten ist aufgetreten: Der größte Gesundheitstest aller Zeiten hat also positive Ergebnisse. Im Gegensatz dazu ist nachweisbar, dass jährlich in Deutschland 200 Menschen an mit Salmonellen, durch Pilze oder Kolibakterien verdorbenen wohlgemerkt ganz »natürlich«, verdorbenen – Lebensmitteln sterben.

Die Gentechnik treibt Indiens Bauern in den Selbstmord.

Die auch von der Alternativ-Nobelpreisträgerin Vandana Shiva verbreitete Lüge, dass die Bauern in Indien durch ihre Abhängigkeit vom Saatgut der Großkonzerne in den Tod getrieben werden. Doch es gab genauso viele Selbstmorde in Indien, bevor noch irgendjemand an Gentechnik dachte. In Indien wird größtenteils gentechnisch veränderte Baumwolle angepflanzt, nicht Reis, und die Selbstmorde werden auch von vielen Orangenbauern begangen, deren Plantagen durch den sinkenden Grundwasserspiegel verdorrt sind. Die durch die Konkurrenz subventionierter Produkte aus Europa und den USA verursachten Schulden sind nicht der Grund: Indien hat Schutzzölle von durchschnittlich 120 Prozent! Vor allem ist es die Überschuldung durch die niedrigen Preise für Agrarprodukte, die Bauern verzweifeln lässt: Die Kleinbauern müssen, um Pestizide, Saatgut oder Geräte zu erwerben, zu Kredithändlern gehen, die Wucherzinsen nehmen. Auch das Feudalsystem, bei dem nicht bezahlte Pacht an den Feudalherrn zur erblichen (!) Schuldknechtschaft führen kann (siehe Berichte der ILO zu modernen Sklavereisystemen), trägt Schuld daran.

Biosprit macht Hunger.
Selbst in biospritkritischen Studien findet man Darstellungsvarianten, die ein deutliches Flächenpotenzial für Bioenergieproduktion zeigen. Das Potenzial ist zumindest so groß, dass der Eigenenergiebedarf der Landwirtschaft gedeckt werden kann. Auch früher mussten die Bauern Pferde und Ochsen für Zugarbeiten durchfüttern, in Zukunft erzeugen sie Biosprit für Traktoren, Mähdrescher, Trocknungsanlagen und nützen ihn zur Düngerherstellung.

Und hier noch ein paar Schlusstipps von Doc Farmwell:

- Essen Sie alles, was Ihnen schmeckt (bei Übergewicht weniger davon).

- Kaufen Sie regional. Damit ist man nie schlecht dran, egal ob »bio« oder nicht, vor allem, wenn man den Produzenten kennt und schätzt.

- Bleiben Sie bodenständig: In Österreich und Deutschland kann man sicher sein, dass die hiesigen Lebensmittel gut kontrolliert und verzehrsicher sind.

- Glauben Sie nicht jeden esoterischen Firlefanz. Gesunder Menschenverstand ist eine gute Messlatte.

- Glauben Sie dem Handel nicht, wenn er Ihnen besonders nützliche zusätzliche Kontrollsysteme vorgaukelt. Es wird kontrolliert, was gesetzlich kontrolliert werden muss, alles andere dient nur als Verkaufsargument.

- Überzeugen Sie sich beim Einkauf, woher die Produkte kommen, die Sie kaufen, welche Sorten angeboten werden und wann sie geerntet wurden.

- Verlassen Sie sich auf Ihren eigenen Geschmack und finden Sie selbst heraus, aus welcher Region Ihnen was am besten schmeckt. Denn auch Klima und Boden sind, neben der Fütterung, »Geschmacksverstärker«.

- Kaufen Sie lieber konventionelle als Biolebensmittel. Denn die sind, auch wenn man Ihnen ständig das Gegenteil einreden möchte, noch eine Spur sicherer und nachhaltiger als Bioprodukte. Und preiswerter obendrein.

Anhang

Übersicht Kontrollsiegel

Kontrollen und Siegel bei Lebens- und Futtermitteln

Die amtliche Kontrolle: Sie beruht auf den Vorschriften der EU-Verordnung 882/2004. Amtliche Kontrollen werden im Idealfall auf der Grundlage eines risikobasierten mehrjährigen Kontrollplans von staatlichen Behörden durchgeführt. Gegebenenfalls kann die Kontrolltätigkeit auch an akkreditierte Kontrollstellen übertragen werden.

Eigenkontrolle der Futtermittel- und Lebensmittelunternehmer: Futtermittel- und Lebensmittelunternehmer sind prinzipiell verpflichtet, ein Verfahren zur Eigenkontrolle nach den HACCP-Grundsätzen einzurichten. Größere Betriebe richten dazu ein Qualitätsmanagementsystem ein, das im Lebensmittelbereich nach 17020 oder IFS zertifiziert wird. Die Zertifizierung erfolgt wiederum durch akkreditierte Zertifizierer. Inhalt dieser Kontrollen sind die Funktion der Eigenkontrollen und die Einhaltung der gesetzlichen Vorschriften.

Handelsketten und große Konzerne auditieren (prüfen) ihre Lieferanten beziehungsweise die Systeme ihrer Lieferanten durch eigene Kontrolleure (GLOBAL GAP, IFS).

Diese Kontrollen dienen alleine der Einhaltung der gesetzlichen Vorschriften. Die Kontrolle von Gütesiegeln kann damit verbunden werden, muss aber nicht.

Gütesiegel

Sie fordern höhere oder zusätzliche Standards zu den gesetzlichen Mindeststandards oder spiegeln sie zumindest vor. Es gibt:

1) Staatliche und halbstaatliche Siegel (werden durch amtliche oder zugelassene zertifizierte Kontrollstellen geprüft)

- EU-Qualitätssiegel:
  - Geschützte Ursprungsbezeichnung, EU-Verordnung 510/06
  - Geschützte geografische Angaben, EU-Verordnung 510/06
  - Garantiert traditionelle Spezialität, EU-Verordnung 509/06
- AMA-Gütesiegel
- CMA-Gütesiegel
  Garantieren Herkunft oder traditionelles Verfahren: Herkunft der Rohstoffe (Terroir im Wein, Boden, Klima) und Sorte, Rasse und Entfernung vom Konsumenten (analytisch und organoleptisch nachweisbar). Rückverfolgbarkeit und internes Qualitätsmanagement muss gewährleistet sein.

2) EU-Biosiegel, AMA-Siegel, Deutsches Biosiegel
   Das Bioverfahren auf der Basis von EU-Recht wird durch zugelassene Kontrollstellen überwacht.

3) Verbandssiegel

- Bioverbände: Das Bioverfahren auf der Basis von EU-Recht, ergänzt durch Sonderregelungen des Verbands, wird durch zugelassene (oder auch verbandseigene) Kontrollstellen überwacht.
- Andere Verbände: In der Regel wird die Einhaltung der gesetzlichen Vorschriften verlangt, und einige besondere Qualitäten oder Produktionsvorschriften werden versprochen (zum Beispiel genfrei, tierschutzgeprüft). Manchmal werden derartige Siegel von NGOs gegen Lizenz vergeben. Die Überprüfung erfolgt im besten Falle durch akkreditierte Zertifizierer (WWF,

garantieren Einhaltung von Mindestkriterien für ordnungsgemäße Überprüfungen). Oder durch diese Verbände selbst, wie bei Global 2000 im REWE-Pestizidreduktionsprogramm. Oder es wird gar nicht geprüft.

Die geprüften (oder ungeprüften) Lieferanten oder Firmen zahlen für die Lizenz, das Siegel zu führen, und für die Prüfdienstleistung der Prüfer. Bei Unzufriedenheit kann der Prüfer gewechselt oder das Zusatzkriterium nicht mehr beworben werden, oder es darf das Siegel nicht mehr geführt werden.

Die Einhaltung von Anforderungen an den Arbeits- und Umweltschutz erfordert bei den meisten Gütesiegeln nur die Einhaltung der im Exportland vorgeschriebenen gesetzlichen Bestimmungen. Meist wird dies durch eine plakative Bedingung ergänzt (Gentechnikfreiheit). Auch Fair Trade hebt sich nur in wenigen Punkten von den gesetzlichen Mindeststandards ab. Es wird aber zumindest deren Einhaltung kontrolliert.

Handelsmarken/Gütesiegel des Handels

Es sind den privaten Unternehmen gehörende Zeichen. Der Qualitätsbegriff orientiert sich üblicherweise an gesetzlichen Vorschriften und bei größeren Zulieferen am Vorhandensein eines Qualitätsmanagementsystems. Von manchen Lieferanten werden andere Standards verlangt (bestimmte Tierhaltungssysteme, Verzicht auf bestimmte Verfahren).

Die Überprüfung erfolgt durch akkreditierte Zertifizierer (Einhaltung von Mindestkriterien für ordnungsgemäße Überprüfungen sind garantiert) oder durch konzerneigene Kontrolleure.

Die Bezeichnung Bio/Öko bei Lebensmitteln ist nur zulässig, wenn das Bioproduktionsverfahren auf der Basis von EU-Recht eingehalten wurde.

Hier eine Auswahl an sicheren Qualitätszeichen,
die tatsächlich eine sachliche Grundlage haben:

Die EU-Qualitätssiegel:

- Geschützte Ursprungsbezeichnung, EU-Verordnung 510/06 Erzeugung, Verarbeitung und Herstellung eines Erzeugnisses in einem bestimmten geografischen Gebiet nach einem anerkannten und festgelegten Verfahren. Das heißt, auch die Rohstoffe müssen aus der Region stammen.

- Garantiert traditionelle Spezialität, EU-Verordnung 509/06, traditionelle Zusammensetzung des Erzeugnisses oder traditionelles Herstellungs- und/oder Verarbeitungsverfahren

- Aus biologischer Landwirtschaft, EU-Verordnung 843/07

Dann gibt es da noch die Gütesiegel in den einzelnen Ländern, teils von staatlicher Stelle, teils von Firmen als Marken eingesetzt:

Österreich

Staatlich:

AMA-Gütesiegel
Das AMA-Gütesiegel gewährleistet unabhängige Kontrollen und steht für konventionell erzeugte Lebensmittel, die überdurchschnittliche Qualitätskriterien erfüllen und deren Herkunft nachvollziehbar ist.

Geprüfte Qualität AMA GÜTESIEGEL AUSTRIA

AMA-Biozeichen mit Ursprungsangabe

Bei der Verwendung des AMA-Biozeichens mit Ursprungsangabe müssen die wertbestimmenden landwirtschaftlichen Rohstoffe zu 100 Prozent aus der im Zeichen angeführten Region stammen. Für nicht in dieser Region und in der entsprechenden Qualität herstellbare Rohstoffe gilt bei verarbeiteten Lebensmitteln ein zulässiger Toleranzbereich von bis zu einem Drittel. Die Be- und Verarbeitung aller Lebensmittel hat jedenfalls in der angegebenen Region stattzufinden.

AMA-Biozeichen ohne Ursprungsangabe

Das AMA-Biozeichen ohne Ursprungsangabe garantiert die biologische Landwirtschaft und den kontrolliert biologischen Anbau der Rohstoffe des Lebensmittels.

ÖGE-Gütesiegel

Das ÖGE-Gütesiegel steht für nährstoffoptimierte Speisenqualität in der Gemeinschaftsverpflegung.

Sollten sie sich noch ausführlicher informieren wollen, dann besuchen Sie die Homepage der Arbeiterkammer:
http://www.arbeiterkammer.com/online/guetezeichen-48937.html

Deutschland

Das deutsche CMA-Siegel entspricht dem AMA-Gütesiegel für Herkunft und nachhaltige Produktionsverfahren.

Deutsches Biosiegel (Künast-Siegel)

Deutsche Verbandssiegel:

Biosiegel der Produktionsverbände kennzeichnen Produkte, die über die Mindeststandards der EU-Öko-Verordnung hinaus den strengeren Bestimmungen des jeweiligen Verbands genügen.

Biokreis Bioland Biopark Demeter

Ecoland

Ecovin

Gäa

Naturland

Österreich:
Bio Austria

Schweiz:
Bio Suisse

Frankreich:
Agriculture
Biologique

Niederlande:
Skal

Quellenangaben

- Agrarmarkt Austria Marketing GmbH *http://www.ama-marketing.at/*, Roll AMA & Bioinfos
- Badgley et al., Organic agriculture and the global food supply, Cambridge University Press 2007
- Bio-Austria: *http://www.bio-austria.at/biobauern/beratung/pflanzliche_erzeugung/pflanzenschutz*
- Bio Betriebsmittelkatalog: *http://www.infoxgen.com/*
- BMELV Deutschland Rahmenplan der Gemeinschaftsaufgabe »Verbesserung der Agrarstruktur und des Küstenschutzes« für den Zeitraum 2008 bis 2011
- BMGFJ & BMLFUW Forschungsprojekt Nr. 1437, Beurteilung von serienmäßig hergestellten Abferkelbuchten in Bezug auf Verhalten, Gesundheit und biologische Leistungen der Tiere sowie im Hinblick auf Arbeitszeitbedarf und Rechtskonformität
- BMLFUW, Deckungsbeiträge für die Betriebsberatung 2008
- BMLFUW, Grüner Bericht 2008, http://www.gruenerbericht.at/
- BMLFUW, Grüner Bericht 2009
- Bruckmüller et al., Land- und Forstwirtschaft im 20. Jahrhundert, 2002
- Bundesamt für Ernährungssicherheit; Pflanzenschutzmittelregister, *http://www.baes.gv.at/*
- CERTCOST, Del. 5
- Erb et al., Eating the Planet, 2009
- EUROSTAT, Statistik kurzgefasst, Landwirtschaft und Fischerei 69/2007, Unterschiedliche Strukturen beim ökologischen Landbau in der EU-25

- FAO 2006, World agriculture towards 2030/2050
- Land der Äcker – Zukunftsreich, in Österreich 2018, Edition Akademia
- LBG, Buchführungsergebnisse der österreichischen Landwirtschaft 2008
- Ökosoziales Forum Wintertagung 2008, 2009, 2010 auf *http://www.oekosozial.at*
- Pretty and Hine, Reducing Food Poverty with Sustainable Agriculture: A Summary of New Evidence, 2001
- Steiner, Rudolf: Geisteswissenschaftliche Grundlagen zum Gedeihen der Landwirtschaft, 8. Auflage, GA 327 (1999)
- Steiner, Rudolf: Grundlegendes für eine Erweiterung der Heilkunst nach geisteswissenschaftlichen Erkenntnissen GA 27
- Umweltbundesamt, Klimaschutzbericht 2010
- UN World Population Assessment 2006
- UNCTAD Organic Agriculture and Food Security in Africa, 2008
- Willer, Menzler: Ökolandbau Weltweit, in: Praxishandbuch Biolebensmittel 2008
- WTO, World Trade Profiles 2009

Benutzte Links, verschiedenste Informationen

http://www.ages.at
http://www.agraroekonomik.at/
http://www.agrarstatistik.at/
http://www.ama.at
http://www.berggebiete.at
http://www.bio-austria.at
http://www.bioerleben.at/
http://www.bioinfo.at
http://www.bmelv.de/
http://www.certcost.org/

http://www.croplife.org/
http://www.dafne.at
http://www.demeter.at/
http://www.demeter.de/
http://www.ec.europa.eu/agriculture/organic/home_de
http://www.ecpa.be/commonground/
http://www.efsa.europa.eu/
http://www.fibl.org/
http://www.iufe.at/
http://www.lebensministerium.at
http://www.lebensmittelnet.at
http://www.lmsvg.net
http://www.oekosozial.at/
http://www.orgprints.org/
http://www.organicrules.org/
http://www.peakoil.de/
http://www.pubmed.gov
http://www.umweltbundesamt.at

Gesetze

- Österreich: Tierschutzgesetz
- Österreich: 1. Tierhaltungsverordnung
- EU: Verordnung (EG) Nr. 834/2007 des Rates über die ökologische/biologische Produktion und die Kennzeichnung von ökologischen/biologischen Erzeugnissen und zur Aufhebung der Verordnung (EWG) Nr. 2092/91
- EU: Verordnung (EG) Nr. 889/2008 der Kommission mit Durchführungsvorschriften zur Verordnung (EG) Nr. 834/2007 des Rates über die ökologische/biologische Produktion und die Kennzeichnung von ökologischen/biologischen Erzeugnissen hinsichtlich der ökologischen/biologischen Produktion, Kennzeichnung und Kontrolle

- EU: Richtlinie 67/548/EWG des Rates zur Angleichung der Rechts- und Verwaltungsvorschriften für die Einstufung, Verpackung und Kennzeichnung gefährlicher Stoffe
- EU-Kommission: Europäischer Aktionsplan für ökologische Landwirtschaft und ökologisch erzeugte Lebensmittel KOM(2004)415 vom 10. Juni 2004

Bitte beachten Sie
die folgende Seite